KB219337

나의 하루

스물셋 청년 하용조의 영성 일기
나의 하루

지은이 | 하용조
초판 발행 | 2014. 12. 16
개정판 발행 | 2023. 3. 16
등록번호 | 제1988-000080호
등록된 곳 | 서울특별시 용산구 서빙고로 65길 38
발행처 | 사단법인 두란노서원
영업부 | 2078-3352   FAX | 080-749-3705
출판부 | 2078-3331

책값은 뒤표지에 있습니다.
ISBN 978-89-531-4413-2 03230

독자의 의견을 기다립니다.
tpress@duranno.com   www.duranno.com

두란노서원은 바울 사도가 3차 전도여행 때 에베소에서 성령 받은 제자들을 따로 세워 하나님의 말씀으로
양육하던 장소입니다. 사도행전 19장 8-20절의 정신에 따라 첫째 목회자를 돕는 사역과 평신도를 훈련시
키는 사역, 둘째 세계선교(TIM)와 문서선교(단행본·잡지) 사역, 셋째 예수문화 및 경배와 찬양 사역, 그리고 가
정·상담 사역 등을 감당하고 있습니다. 1980년 12월 22일에 창립된 두란노서원은 주님 오실 때까지 이 사
역들을 계속할 것입니다.

스물셋 청년 하용조의 영성 일기

나의 하루

1968.8.1-1969.5.2

두란노

주님! 주님이 주신 은총을 생각
...로, 영원히 영원히 ...다 해...
사랑을 생각하여서라도, 이렇게 사
...ㅂ니다, 주님, 제 생명을 ...
...를 ...만으로 채...을 ...하여
사랑을 살 수가 없다면, 주님의
...은 심장의 호흡에 ...에 ...해
...없이 바라보는 ...가 없...며
...의 ...를 ...어 주셔로 ...을 벗기
...옵소서, 두손을 ...단 시켜 ...
...녕히 ...아서, 당신께 ...릴수
...옵니다. 그러나 주님께
...께 ...잡으니 ...의 살길을
...서, ...의 ...값이 ...것을 ...
...바라보는 은총을 주옵소서.

———— 1966년 8월 4일 경기도 입석에서 그리스도를 인격적 구주로 영접하고 그분의 십자가와 피 묻은 손을 실제로 경험한 사건 때문에 내 인생은 달라졌다. 그 뒤 예수님을 정신없이 좋아했다. 목이 쉬도록 찬송하고 울면서 기도했고 밤을 새워 성경을 읽었다. 큐티 노트를 만들어서 큐티를 규칙적으로 했다. 사랑에 빠진 사람처럼, 미친 사람처럼 살았다. 먹고 자는 것은 문제가 되지 않았다. 밤이건 낮이건 전도했다. 구치소에 가서 사형수를 만났고, 학생들을 양육했으며, 주일마다 인천까지 가서 전도했다. 지금 생각해 보면 영혼에 태풍이 불었던 것 같다.

* 위 글은 일기를 쓸 당시의 저자 상황을 이해할 수 있도록 생전에 저자가 자신의 20대에 대해 이야기한 내용을 편집하였다. 동일한 성격의 소개글이 4회 더 게재된다.

8月 1日

아침 9시 15분 서울 출발,

오후 5시 5분 목포 도착.

자형과 친구분들이 함을 가지고 먼저 와 있다.

컨디션은 제로.

8月 2日

병원에서 진찰.

오줌, 가래 검사, 엑스레이 가슴 사진 찍음.

진단: TB(tuberculosis, 결핵-편집자 주) 초기라 한다.

보름 입원하라고 하며,

3개월이면 완치될 수 있고 1년쯤 약 복용 필요.

배를 타고 바닷가로 놀러 갔다 옴.

8月 3日

병원에 또 가 보다.

서울에 가야 했는데 의사가 못 가게 하였음.

우선 안정이 필요.

오후에 목포의원(흉곽 내과 전문)에서 약을 15일 처방.

몇 개월 쉬어야 한다고 진단.

P.S. 대전에서 갖게 된 콘퍼런스 전후로 몹시 무리했던

것이 진찰에 크게 효과를 가져오다.

8月 4日

편지 쓰다.
(우○○, 최○○, 홍○○, 윤○○, 장○○)
(윤○○, 김○○, 안○○)
(강○○, 안○○, 주○○) 이상.

8月 5日

요즈음 몸이 더 피곤하고 가슴이 답답하다. 오늘 밖에 다녀왔는데 몹시 힘이 드는 걸 보고 나도 모르는 새 이렇게 약해졌구나 생각이 된다. 온종일 2층 침대에 누워 있다.

바다를, 섬을 바라보며 여러 가지 생각에 시간 지새는 줄 모른다. 눈을 감아도 서울의 형제들이 눈에 선하다. 생각에 생각이 계속 꼬리를 문다.

강원도 전도 봉사 일은 어떻게 했을까? 앞으로 계속 쉬어야 한다고 생각하니 숨이 꼭 막히는 것 같아 미칠 것만 같다. 나는 행동이 없으면 현실 감각이 없어진다.

참자. 조금 더 견디어 보자. 고통을 견디자. 나를 더 시험해 보자. 왠지 오늘은 날이 찌뿌듯하구나. 바닷물에 몸을 담가 내 온몸을 차게, 얼도록 차게 해 보고 싶다.

"나는 어떤 처지에서도 스스로 만족하는 법을 배웠습니다. 나는 비천하게 살 줄도 알고, 풍족하게 살 줄도 압니다. 배부르거나, 굶주리거나, 풍족하거나, 궁핍하거나, 그 어떤 경우에도 적응할 수 있는 비결을 배웠습니다. 나에게 능력을 주시는 분 안에서, 나는 모든 것을 할 수 있습니다"(오늘 새로 산 새번역성경에서).

현실과 관계없는 삶은 피 묻은 현실적 관계와는 의미가 없다. 생명이 있고, 피가 있는 현실은 그리스도 안에서만 있다.

나는 젊다. 아니 영원히 젊다. 젊음은 온전히 내 것이다. 매 순간 매 순간 젊어진다.

병으로 인하여 받는 여러 제약들은 나에게 있어서 필요한 일시적 제약이라 생각된다. 나는 지금 한 가능성에 이성과 지성을 발동시켜 본다. 내가 살아 있어야 하는 이 시점에서, 병든 역사와 문화에서, 아니 어쩌면 올바른 역사일 것이다. 인간 자체가 병들어 있고 사랑의 소외 지대이기 때문이지.

그리스도와 사랑의 구체성을 생각해 본다. 주님은 내가 원하는 모든 것을 주시지 않고 내게 필요한 것을 주신다. 주님께 기도한다. 이런 것들을….

"주님의 복음과 사랑을 내 이웃에게 나누어 주고 싶습니다. 제가 태어난 이 한국은 가난합니다. 어제도 오늘도 호남 지방이 가뭄으로 애타고 있습니다. 세계의 역사도 애타고 있습니다. 주님의 복음과 사랑의 의미와 이것들은 어떻게 관계되고 행동됩니까?"

"CCC 형제들을 위해 기도합니다. 우리의 가능성과 형제의 모임의 의미가 주 안에서 영원히 영원히 순수하게 해 주십시오. 주님, ○○○형을 위해 기도합니다. 더 큰 그릇과 사랑의 화신으로 인도해 주십시오. ○○○형을 위해 기도합니다. 건강도 주시지만 마음의 건강과 큰 사랑 주십시오."

이 밤이 새도록 주님의 은총을 사모하고 싶다. 주님의 십자가를 내 십자가로 삼고 싶고, 나를 사랑할 수 있었으면 좋겠다. 주님의 음성이 구름장 덮인 하늘에서 울려 퍼질 수 있다. 주님의 옷자락 만지고 싶고, 그 품에 꼭 안기고 싶다.

그리스도와 사랑의 구체성을
생각해 본다.
주님은 내가 원하는 모든 것을
주시지 않고
내게 필요한 것을 주신다.
주님께 기도한다.

이 밤이 새도록

주님의 은총을 사모하고 싶다.

주님의 십자가를

내 십자가로 삼고 싶고

주님의 옷자락 만지고 싶고,

그 품에 꼭 안기고 싶다.

8月 6日

아침에 토혈하다. 몹시 피곤함을 느낀다. ○○형에게서 전화[강원도 전도 봉사 문제와 김 목사님 소식 (24-26일 태화관에서 retreat)]. 오전에 목포의원 다녀옴. 두 달은 아주 편히 쉬어야 한다고 말씀하신다. 오후에는 왼쪽 가슴에 통증을 몹시 느 낀다. 지금도 가슴이 결린다.

정욕에서 벗어날 수 있는 때는 언제일까? "하나님은 어떤 때는 우리들을 군중 밖으로 불러내시사, 우리들이 원치 않았는데 우리들을 붙들고 있는 적요함 속으로 몰아넣으시는 것이다"[《Loneliness and Solitude》(외로움과 고독, 폴 틸리히의 설교-편집자 주)에서].

한없는 여정 속에 꾸준히 꾸준히 승리해 나가는 진리의 모습이여! 영원한 고독과 죽음의 상황, 이것을 깨쳐 보려는 행동, 이 허무의 매력이여!(죽어 버린 美의 극치) 나는 죽도록 싸운다. 피눈물 나게 싸운다. 내 자신과 나는 싸운다. 피맺힌 대결.

3년 동안 CCC에서 활동한 나는 많은 고독을 배웠다. 영적 교제의 공동체에서 이탈당한 나에게 고적(孤寂-편집자 주)이 시작된다. 답답하고 미칠 것 같은 마음은 다른 아무것으로 메꾸지 못한다. 주님 이외엔….

○○○형, 형은 나의 분신입니다. 외롭지요? 너무 무리 마십시오. 정말 이 한밤 주님께 기도합니다.

무리를 보내신 후에 기도하시려고 산으로 올라가셨습니다.

날이 저물었건만 예수께서는 혼자 계셨습니다(마태복음 14장

23절).

* 주기철 목사

(주기철 목사가 순교 전 남긴 글을 필사한 것-편집자 주)

주님을 위하여

오는 고난을 내가 피하였다가

이다음 주님 앞에 가서 못 자국과 가시관을 보이실 때

나는 무슨 낯으로 주님을 대할까.

주를 위하여 당하는 수욕을 내가 피하였다가

이다음 주님이

"너는 내 이름으로 주는 평안과 즐거움은 다 받아 누리고

고난의 잔은 어찌하고 왔느냐?" 물으시면

나는 무어라고 대답할까.

주를 위하여

오는 십자가를 내가 피하였다가 이다음 주님이

"너는 내가 준 유일의 유산인 십자가를

어찌하고 왔느냐?" 하시면

나는 무엇이라 답할까.

8月 8日 비가오다

아침 김 목사님께 전화하다.
최혜산 형제에게 온 편지.
윤남중 목사님에게 온 편지.
고후 12:9, 요 15:16, 빌 4:6.

성경을 읽는 것만큼 유익하고 귀한 시간이 있을까? 지성의 편견과 자아의 오만으로 틈타는 마귀의 역사가 이 귀하고 귀한 말씀을 읽지 못하게 한다. 주님이 싸워서 이긴 세상 속에서 나는 살고 있다(In the world, For the world, Not of the world).

형제의 사랑을 생각해 본다. 진심을 줄 수 있고, 성실을 다할 수 있는 형제. 우리는 가끔 이런 잘못을 범하고 있다. 형제의 사랑 속에서 갖게 되는 체험의 오만성이다.

겸손 속에 자리 잡게 되는 자기라는 껍질이 가운데로 파고
들어 오고, 또 응당 이것은 묵인해도 좋다는 관념이 우리를
메마르게 하고 피곤하게 한다. 내가 주님의 말씀 속에 순수
히 있을 때 나는 진정 나를 알게 된다.

정욕으로 가득 찬 나, 혼돈으로 번뇌에서 벗어나지 못하는
어찌할 수 없는 나, 도저히 극복될 수 없는 나.

이것을 극복하기 위해서 근본적인 가능성보다 우선 관념적
인 가능성에 우리의 의식을 강조한다.

행동주의(《인간 조건》에서 말로의 실현), 허무주의, 실존주의 등 모든 이즘(ism)은 관념적인 범주에서 자리 잡고, 그 가능성에 전 의식을, 체험을 동원한다.

새로운 휴머니티가 창조되고, 새로운 정신적 영역이 나타나지만, 근원적인 가능성에 한계를 갖게 된 어쩔 수 없는 단절과 분리가 하나의 공백을 지니고 있다.

하나의 가능성은 성서로 돌아가서 조용한 결단을 주님 앞에서 갖게 되는 때이다. 주님과 나만의 시간이 오늘을 사는 나는 절대 필요하고, 이것은 내 생애의 출발점이고 원동력이다. God with us(my brothers).

(오늘의 기도제목)

① 忠(충): 예수님, 내 민족(즉 세계), CCC

② 김 목사님을 위하여

③ 강원도 전도 봉사대를 위하여

④ 건강을 위해서(누나, 아버지, 어머니, 형님)

⑤ 최혜산, 윤남중, 홍정길, 장우섭, 김상주, 양영용,
강세대, 민정웅, 장대섭, 강용원, 김인숙, 이복자,
F.R.S, M.S, 학교 친구들

내가 주님의 말씀 속에 순수히 있을 때
나는 진정 나를 알게 된다.

주님과   나만의   시간이

오늘을 사는 나는 절대 필요하고

이것은 내 생애의

출발점이고   원동력이다.

8月 10日 맑음

어제 요한복음을 다 읽다. 건강해진 것 같으면서 피곤이 엄습한다. 오전에 서울에 전화.

온종일 김 목사님께 편지를 쓰면서 생각에 잠기었다. 과연 무엇인가? 시간성과 공간성의 제약으로 오는 현실적인 관계성일까? 그럼에도 불구하고 찾아보는 가능성일까? 그럼에도 불구하고 그리스도가 있기 때문일까?

그러하지 않으면 완전 절망이 두려워 위장시켜서 할 수 없이 긍정적인 언어, 행동, 사고의 압력을 받고 있는 것일까?

믿기에는 너무도 허무맹랑한 것이, 부정하기엔 더 말할 수 없는 신비성이 있다. 신비라기보다는 도무지 알 수 없는 하향식 구속성을 가진 역사이다.

인간에게는 의지라는 것이 있다. 용기와 모험의 요소가 있다. 나는 지금 이러한 의지의 결단과 지성의 모험으로 새 용기를 가지고, 부단히 부단히 부딪혀오는 가상적 현실과 싸우고 있다.

회의를 하기엔 너무나 두렵다. 가상적 현실에 진실의 눈을 돌리기엔 너무나 외롭고, 고독하며, 힘들다. 쓰러져 지칠 것이다. 온몸이 천갈래 만갈래 찢어지기 전에의 고통, 오열하며 피투성이의 박살이 나기 전에 상상해 보는 고통의 극치.

이제 5초 후엔 나의 온 뼈는 돌로 짓뭉개진다, 창자는 온통 폭약으로 뒤엉켜진다, 극약으로 온 몸이 요동한다고 생각하는 순간. 이 가상적 현실이여! 조용히 지성의 모험으로 다가서 본다. 아니 보아야 할 것이다의 단계에서 망설임.

성령의 역사, 그리스도의 메시지, 성서만으로 전도되는 성령의 입김.

생명의 소외감, 곡을 하는 여인, 음향에 눈 뜬 나, 순수한 죽음과 생명의 의미. 죽음을 앞에 둔 생명의 고뇌, 오열, 비통, 그리고 죽음을 앞에 둔 자기 기만성, 인간의 약점, 또 슬픔, 비참, 고통, 불안, 공포, 자기모멸, 자기학대, 자아 폐쇄적 사고방식, 천사의 이미지, 성령의 비둘기 같은 역사, 악마의 웃음소리, 암흑 속의 새 빛.

8月 12日

강 형께 편지 오다.

Recording Tape Conference

a. (Beethoven) Symphony No. 6 F major op. 68

No. 7 A major op. 92

No. 8 F major op. 93

No. 9 F major op. 123

b. (Tchaikovsky) Symphony No. 4 F major op. 36

c. (Phakofiev) Symphony No. 3 C minor op. 44

d. (Phakofiev) Le pas D minor-suite op. 416

e. (Brahms) Symphony No. 4 E minor op. 98

f. (Hydn) String Quartet

8月 13日

전가족이 함께 점심식사 하다(순천식당). 오후에 형님과 이야
기하다. 고기잡이(용인이가 40cm 큰 고기 잡다), 굉장히 피곤했
다.

8月14日

피곤하여 하루종일 쉬다. 오후에 ○○사망(저녁에 묻다).

설익은 落果 낙과

아, 그래 나는 설익은 낙과인지 모른다.
생명의 연줄을 타고 태어난 나는
식물빛 윤기의 피부가 원색적이었는데
내 온몸엔 벌레가 가득 차 있었구나.
나의 목줄을 물고 늘어진 그 숱한 음흉한 벌레들.

아, 그래 나는 설익은 낙과였다.
낙과 사이에 숨겨져
개미들의 움막이 되어 버린 나는
겉늙은 주름살에 소름이 끼쳤다.
살아, 창조의 새 역사를 먹이던
생세포는 고사되었고, 씨알은 파괴와 분열의 가운데 있다.

아, 정말 나는 이렇게 나쁜 놈인 줄 나 자신도 몰랐습니다.

정말이에요. 그런데 당신은 왜 그런 눈으로 나를 보시죠?

마치 징그러운 벌레를 밟았을 때처럼 말이에요.

나는 참 괴롭답니다. 혼자 빈 무덤 사이에서 울고 왔어요.

서성거리면서 말이죠.

땅거미 지는 빌딩의 배경은 나를 웃겨 주었어요.

그 밑에서 사람들이 벌레처럼 움직이고 있었는데,

참으로 신기하고 재미가 있어서

침을 흘리며 보고 있었습니다. 하품도 했어요.

그러다가 저는 위대하고도 역사적인 사실을

감격스럽게 발견하고, 혼자 안타까워했답니다.

그것은 제일 뽐내고 있는 멋,

없는 멋까지 과장해서 잔뜩 차린,

눈은 벌게진 사람을 볼 수가 있었던 거예요.

아마 물욕과 식욕은 고사하고라도

그 마음속에는 음욕과 못된 허영심과

지적 오만과 증오가 가득 찬,

정말 자만심만 발달된 아이 같았어요.

그런데 참으로 어처구니가 없어서 내 혀를 깨물 뻔했어요.

글쎄 그놈이 교회로 들어가기 때문이었어요.

그리고선 찬송도 부르고 기도도 하고,

이것저것 하는 것은 다 하고 있지 않겠어요?

게다가 하는 소리는 몇 번이나 생각을 해 봐도

좋다는 이야기는 혼자서 성스럽고 위대한 것처럼 조용히,

그것도 음침하게 조용히 하고,

열띤 사람처럼 웅변도 하는 것을 보았기 때문이에요.

내가 그놈을 잘 압니다.

그놈이 어떤 놈인 줄 내가 잘 알고 있어요.

그러니 내가 내 혀를 안 깨물 수 있겠나 생각해 보세요.

정말, 이렇게 제가 나쁜 놈일 줄 몰랐습니다.

정말 몰랐어요.

우리의 가슴에 심장이 들어 있는한
유태인 심장은 뛰고 있으리
동쪽을 향하여 바라보고 있는한
유태인에게는 시온이 보이리
그 천년 동안이나 가슴에 품고 있는 소망
어찌 우리가 이 소망을 버릴수 있으랴
자유의 땅 시온과 예루살렘 에서
자유를 누리며 살겠다는 그 소망을

So long as still within our breats
The Jewish heart beats true
So long as still towards the East,
To Zion, looks the Jew
So long our hopes are not yet lo.
Two Thousand years we cherished
To live in freedom in the land
of Zion and Jerusalem

히브리의 遍歷詩人 Napthali Herz Im
1878년 그의 시집 속에 있었다.
Imber 의 친구이며 Rishon Lezion에 있
作曲했고 Samuel Cohen 이 옛날 흘로
민요곡을 기초 삼아서 지은것이다.
1897년 第 次 시온 운동 주의자 회의

———— 내 삶을 예수님께 헌신하게 된 것은 대학생선교회(CCC)를 통해서이다. 1965년부터 1972년까지 약 7년 동안 훈련을 받았다. 그 단체에서 받은 축복 중 하나는 전도하는 기쁨을 배운 것이다. 그 무렵 나는 밤 12시 만원 버스에서도 "예수 믿으세요!" 하며 다녔다.

전도하러 남산, 장충공원, 사직공원, 서울역 등등 다니지 않은 데가 없었다. 밤 12시가 넘어 그렇게 피곤해도 찬송을 부르면서 집으로 돌아왔다. 식사 시간을 놓쳐도 배고픈 줄 몰랐다. 그런데 전도하지 못한 날은 가슴을 치고 통곡할 것 같았다. 가슴이 답답했다.

2月 18日 진눈깨비가 내리다

나는 오늘부터 기록을 한다. 문자로 기록을 한다. 고통과 죽음을 쓰며 사랑과 믿음을, 주님이 주신 소망을 쓰러지기까지 쓰려 한다. 나는 나의 영혼으로 기록한다. 나의 피로, 살로 '무엇인가' 써야 하고 토해야 한다. 피를 토하듯이.

사람이 피를 보면 심각해지는가 보다. 죽음의 그림자와 피. 그러나 생명으로 작렬하는 피도 있다. 아무튼 피는 긴장을 시켜 준다. 그리스도는 피를 흘렸다. 고통과 찌그러진 수난의 얼굴로 이마에서, 손에서, 발에서, 옆구리에서 피가 났다.

아마 심장에서 피가 흘렀을 것이다. 그것은 폭발이다. 그리스도는 마음에서 피가 났다. 기도하며 위로 향한 두 눈에서 피가 났으리라. 옆 침대의 형제가 토혈(吐血)을 한다. 농담도, 자랑도, 험담도 없이 조용히 침대에서 안정을 취하고 있다. 지혈제를 먹는다.

나는 어제 입원을 했다. 지금까지 피곤하고 기침도 나서 글한 조각 못 썼다. 나는 누운 채 기도한다. 나의 사랑하는 주님을 부른다. 온 심혈을 다해서 정성껏 기도한다.

김준곤 목사님만 생각해도 나는 위안과 은혜를 느끼며 그리움과 사랑을 이렇게 강하게 느낄 수 있다. 몇몇 형제들을 생각하면 나는 기쁘기 한이 없다.

고통을 겪은 자여, 죽음을 본 자여, 피를 본 자여, 그리고 그리스도를 만난 사람들이여, 일생을 사랑으로, 가난으로, 눈물로 지낸 자여, 알면서 속고, 사랑으로 속고, 손해를 보고, 많이 주고 적게 받은 자여, 사랑하는 나의 사람들이여, 나는 이렇게 정성스럽게 당신을 사랑합니다. 사랑을 고백합니다.

그리스도 때문에 죽을 수 없고, 자살할 수 없는 사랑하는 사람들이여, 그리스도 때문에 소문 없이, 아무런 명예도, 돈도, 권세도, 여자도 없이 씨알처럼 죽은 사람들이여, 손해

보고, 바보 같은 사람들이여, 당신의 양심으로 이 조국을 지키고 피로 속죄물이 된 예수를 닮아 가는 나의 사랑하는 사람들이여!

눈물로, 피로 나는 당신의 이름을 부릅니다. 영원히 사모합니다. 내 몸을 조각내어 당신의 뒷길을 따르며 일생을 찬송으로 당신들을 사모합니다.

한 형제가 옆 침대에 누워 있다가 "많이 쓰시오" 하며 나간다. 그 사람하고 이야기를 낮에 했었는데 많이 절망하고 있다. 정신적인 긴장이 강하게 엄습하여 자살만 생각하는 사람이다. 그 사람 눈은 이상한 매력이 있다. 웃을 때는 어린 아이와 같다. 얼굴에 우수가 가득하고 병색이 완연하다. 폐 한쪽(오른쪽)은 가망이 없고 왼쪽은 3-4개의 공동이 있는데 그저께 산소 호흡을 하였기 때문에 죽음의 공포와 불안으로 떨고 있다.

기죽은 개처럼 있다. 나는 그에게 "기도하시오"라고 얘기했는데 그 사람은 그리스도를 모르기 때문에 어떻게 기도를 할 수 없으리라. 나는 이곳에 보내진 전도자, 그리스도의 편지이다. 지금 얼굴엔 땀이 홍건하다. 피곤하니 내일 또 써야겠다.

참, 우리 병실은 212호, 식구는 3인, 침대는 4개. 아직 이곳을 전체적으로 파악하지 못하고 있다. 왜냐하면 침대, 식당, 변소, 세면장, 정원밖에 가 보지 못했으므로….

한 분은 이○○(34세, 운수업), 한 분은 조○○(33세), 의사는 강 국장, 두 사람의 의사, 간호원장, 간호원, 식당에서 밥을 날라주는 꼬마 아가씨(착하게, 이쁘게, 귀엽게 생겼다), 청소해주는 아저씨, 할머니 등등.

나는 오늘부터 기록을 한다.
문자로 기록을 한다.

고통과 죽음을 쓰며
사랑과 믿음을,
주님이 주신 소망을
쓰러지기 까지 쓰려 한다.

2月 19日 맑음

오늘 하루는 엉망으로 지냈다. 기도할 수 있는 분위기가 아니고, 성경 볼 분위기가 아니다. 침대에 누워서 기도한다. 10분···. 주께 향한 나의 제사는 방해를 받는다. 빨리 독방으로 옮겨야지···. 사람들이 살고 있는 환경에 따라서 사람은 달라지나 보다.

섹스는 인간을 썩게 하는 독균, TB보다 더 독한, 영원히 살균할 수 없는 악마의 시녀, 육체를 썩게 하는 TB, 정신을 망가뜨리고 곰팡이 피게 하는 섹스. 이곳은 더 무서운 독균 요양소.

나는 지금 잠자는 약을 먹었다. 그리스도를 향한 기도로 이
밤, 잠을 잔다. 꿈속에서 주님을 만나야지. 나는 몹시 몹시
주님을 사랑한다. 한없이. 한없이.

2月20日 소리없이 눈 나리다

지금 3시 30분, 안정 시간이 끝났다. 멀리 소금기 먹은 바람이 있다. 나는 남쪽 복도에 앉아서 산과 넓은 정원과 소나무들을 본다. 내 친구처럼, 소록소록 나리누나.

한겨울을 못 이겨 숨어 버린 꽃들, 단풍들, 그 사랑스런 생명의 잔디들 위에 곱게 곱게 삼단 같은 머리발처럼 눈이 나린다. 저 흙 속엔, 토양 속에 생명들이 숨어 있겠지. 그래서 침묵의 너울을 쓰고 수난자처럼, 씨알처럼 숨어 있겠지….
그는 죽지 않았다. 그래도 숨 쉬고 있고, 새순을 잉태한다.

나는 나 있는 데로 돌아와 나를 본다. 눈이 아프도록 나를 본다. 어쩌면 이런 기회는 내게 찾아오지 않는다. 나를 아파하고, 이야기하고, 사랑하고, 미워하며 한 번의 결단을 내릴 수 있는 아픔과 고통과 연민의 시간…. 다시 나를 어쩌지 못할 기다림의 시간이요, 애탐의 목마름이다. 아, 기다림 속에서 나는 산다.

또 기침이 나는구나. 이젠 이 아픔도, 기침도, 외로움도 고통스러움도 사랑하게 되었다. 어떤 소녀가 철로 길에서 기다리는 것처럼 나는 이 아픔보다도 더 피나는 기다림을 갖고 있다.

돈도 아니다. 명예도 아니다. 내 속에 웅크리고 있는 오만과 허영과 음울도 아니다. 새 봄을 기다리는 겨울의 찬바람 부는 저녁에서 나는 나의 주님을 찾는다.

나의 지금 최대의 초점은 이것이다. 나는 주님의 모든 것을 철저히 믿는다. 성경의 모든 말씀도 믿는다. 사랑도 믿고, 믿음도 믿고, 주님의 소망도 믿는다. 나는 그런데 이렇게 기다리고 있는 것이다. 이 몸의 피가 전부 마르도록, 각혈하여 피골이 상접하도록, 나의 죽음을 내놓고 기다린다.

아, 나는 목이 타는구나. 사랑이여, 사랑이여, 사랑이여. 생명과 사랑을 만나는 만남이여. 주님의 옷자락을 쥐는 만남이여. 나는 주님의 무덤에 엎디어 울고 있습니다.

엠마오 도상에 나타나신 주님이여 나는 모든 것이 싫습니다. 이젠 아무것도 갖고 싶지 않습니다. 사랑을 고백하게 하소서. 사람을 사랑하고 주님의 심장을 뜨겁게 뜨겁게 사랑하게 하소서.

주님, 가난하게 살아도 좋습니다. 무명의 촌에서, 아무 명예도, 권세도, 자랑도, 칭찬받음도 없이 살아도 좋습니다. 나는 사랑하지 않고는 살 수 없게 해 주소서. 주님을 이야기하고, 그 피를 전하지 않고는 살지 못하게 하소서. 일생을 내 입은 주님을 노래하렵니다. 일생을 주님을 생각하며 신을 신고, 삽을 쥐겠습니다.

나의 시간과 시간들은 주님께 사랑을 고백하는 시간으로, 나의 몸짓과 말과 행동은 架上가상 위의 주님의 모습으로 축복해 주소서. 주여, 바울처럼 베드로처럼 살다 죽게 해 주시옵소서. 주님의 마지막 날을 준비하며 외치다 죽게 해 주시옵소서.

아버지여, 이 가난에 뛰어들고, 이 민족의 핏줄에 나는 주님의 피를 대어야겠습니다. 마음이 병든 사람들을 사랑하고, 주님에게 돌 던지고 칼질한 사람들을 사랑하고 싶습니다.

나는 지금 기다린다. 추운 바람 속에서 죽어 버린 잔디 위에서 송림 사이로 눈길을 걸으며 나는 지금 기다림으로 가득차 있다. 내 눈은 눈 내리는 회색빛 하늘에 방황하고, 내 마음은 나목들 위에 걸려 있다. 내 숨소리는 거칠어도, 내 몸은 저려 오고, 끝은 떨려도 나는 기다린다. 내 주위의 사람들은 나를 어쩌지 못한다. 내 눈은 하늘을 향해 있고, 내 마음도 하늘을 향해 있다. 그 눈 속에 비가 내리는 것처럼 주님의 은총은 그 어디엔가 숨어 있다. 충혈된 나의 눈은 애처로이 찾고 있다.

한없이 끝없이 방황하는 눈길 속에 아버지여, 나는 기다리옵니다. 된 소리, 못 된 소리, 힘을 다해 쏟아 놓습니다. 된 소리만 정리할 여유가 없게 그리워지는 지금이기 때문입니다.

한 외침, 한 몸짓이라도 그것이 주님을 향한 것이라면 나는 그것으로 대가를 받겠나이다. 점잖지 못한 수치라도 나는 벌거벗고 주님의 뒷길을 따르며 돌길을 치우렵니다. 아무런 수치라도, 어려움이라도 주십시오. 스스럼없이 따르겠나이다.

나는 주님을 기다리면서 세수도 하고, 몸도 닦고 깨끗한 몸으로 깨끗한 의복을 입고 소박하게 나의 정성을 쏟아 무릎을 꿇습니다.

그러나 주님이 시궁창 길로, 더러운 냄새나는 곳으로, 시체 썩는 곳으로, 가난한 협곡, 죽음의 길을 가시면 나는 서슴지 않고 따라가고, 아무 겨를도 없이 주님의 얼굴만, 주님의 옷자락만 쥐어 나의 찬송과 더운 피를 드리고 싶습니다. 행동하게 해 주소서.

아, 이 기다림의 시간에서 나는 주님께 기도하며 주님의 이름만 속으로 외칩니다. 주님의 이야기 이외엔 나에게 울리는 메아리입니다. 수난의 당신 모습 이외엔 나에겐 아무것도 보이지 않습니다.

2月 21日 맑음

토요일, 입원한 지 5일째 되는 날. 검사가 1차 끝나고 계속 패스, 아이나를 오늘부터 먹게 되나 보다. 어제 나의 병증을 살펴보았는데 그렇게 크게 절망할 것도 그렇게 방심할 것도 안된다.

나는 일년을 쉬어야 하겠다. 그리고 이번 기간(병원에 입원한) 에 생명의 원동력을 다시 확인해야 한다. 69년은 온전히 주님께 향한 시간으로 가득 찰 것이다.

공부도, 다른 사상도, 행동도 중요하지만 이 일년을 성경 읽고, 기도하고, 내 영이 주를 찾는 해로 보내리라. 지금 이 시간은 중요하다.

요즘처럼 시간을 아까워해 본 적이 없다. 아프고, 글을 쓸
기운도 없기에 피곤할 시간을 빼고 나면 편지 쓰고, 이렇게
내 생활과 사고와 생각을 정리할 시간이란 무척 귀한 것이
다. TV도 보러 가지 않는다. 다른 사람들과 이야기로 시간
을 보내기도 싫다.

나는 기도하고, 성서 읽고, 쓰고, 생각하고 내 행동과 말을,
내 마음을 지키려 한다.

어떤 한 사람이 신앙을 물으러 왔다. 나는 두렵고 떨린다.
그러나 언제나 어디서나 확실하게 이야기할 수 있고 내 신
앙을 주님께 의지하고 사모하는 신앙을 간증할 수 있다.

요즘 팡세를 읽고 있다. 한자 한자 음미하며 줄을 치며 읽는다. 파스칼의 신앙을 접하게 되면서 그 신앙의 선배에게 나의 애정과 존경을 드린다. 그러나 파스칼 선배가 이야기한 것처럼 파스칼 개인보다 그의 속의 그리스도의 영광에 동참하는 것이다. 논리나 이론이나, 철학이나 과학보다 영감적이고, 비밀스럽고 신비한 성령의 은총은 비교할 수도 없고 따져 볼 수도 없는 절대이다. 순수하고 어린아이와 같이 주님께 향한 이 기다림과 사랑의 애탐으로 범벅되어 있다.

주님! 이 한 마디만 열심히 말할 수밖에 없다. 주님의 이름을 부를 수 있다는 건 기가 막힌 은총이다. 꽃을 사랑하고, 음악을 좋아하고, 예술의 깊은 고전적인 깊이에서보다 나는 주님을 더 사랑한다.

기독교를 믿는다는 것, 기본 원리인 원죄의 신비와 주님의 관계와 내가 은총으로 부활을 믿고 그리스도를 통해서 하나님(神)을 알고 찬양할 수 있으며 영원한 생명을 내가 사모하며 마음의 천국을 이룩하며, 내 이웃에게 그리스도를 전하는 유일한 사명을 이룩하는 것을, 주님이 명령하신 사랑과 믿음과 소망으로 전하리라. 그렇게 살다 죽으리라.

오늘은 열이 있다. 몸은 괴롭다. 여러 사람들이 눈에 선하다. 한 사람, 한 사람 그리운 사람들을 불러 본다. 나는 그 사람들을 사랑한다. 나의 사랑하는 주님을 믿는 사람들을 사랑한다. 사모한다. 우리의 형제들을 나는 이렇게 좋아한다.

이북 방송을 들어 보면 혁명을 이야기한다. 사회개조를 세 가지 면에서, 즉 기술과 문화와 사상에서 투쟁의 혁명을 반복한다. 그리고 노래를 들어 보면 퇴폐적인 것이 없고, 혁명가만을 부르고 모두 다 애국자인 것처럼 조국 건설을 이야기한다. 그러나 혁명이란 그리스도의 중생의 혁명이 없으면 혁명이란 말은 무의미하다.

진리가 무엇이냐? 이 대답은 진리는 그리스도뿐이다. 왜냐하면 나는 길이요, 진리요, 생명이라고 이야기했으므로.

혁명의 개념은 진리에의 쇄신이요 한 번 더 진리의 생명을 밝히는 것이다. 그리스도가 없는 진리나 혁명은 무의미하고, 영원히 하나님과 만날 수 없는 도덕이나 윤리나 철학, 경제에의 변두리에서 사회, 전쟁, 싸움, 미움, 악의 제조 공장에서의 뒤치락일 뿐이다.

사회에서의 행복이나 선은 영원히 추구될 수밖에 없는 것이지만 언젠가는 만날 수 없고 이룩할 수 없는 것일 뿐이다. Only believe all things are possible(믿는 자에게 능치 못할 일이 없다).

이 민족의 혁명을 나는 오래전부터 생각해 왔다. 이젠 하나의 사상적 골격으로서 굳게 형성되어진다. 이런 병상에서도 생각은 쉴 수 없는 것. 열이 나고 아플 때, 더 생각이 간절한 것 뿐.

나는 먼저 주님께 일생을 바치기로 결심했다. 그렇게 살지 아니할 수 없기 때문에. 그리고 그것은 주님이 나에게 주신 명령이고 사명이다. 필요하다면 죽음도 불사한다. 그리스도를 전하는 것이 나의 전부. 사랑으로 영원을 뚫고 양을 질로 화하여 악마의 영역을 벗어난다. 이것이 나의 갈 길이다.

그에 던져진 환경이 한국이며 나의 고향이고, 핏줄이 하나로 된 이 민족이다. 나로서 제일 필요한 무기는 주님이 나와 함께 계셔야 한다는 것. 그래서 이 아픔의 기간을 통해서 주님은 당신을 만날 기회를 주시고, 내가 도망가지 못하도록 다른 생각과 허영과 허심에서 구해 주시려고 이 병원으로 보내신 것이다.

그러니 나에게 이런 명령과 음성에 귀 막고, 눈멀고, 마음이 닫혀져 준비가 없으면 차라리 폐병으로 죽는 것이 나으리라. 나는 사랑의 전달을 통해 비밀스런 편지를 전하기 위해서 이곳에서, 이 깊은 곳에서 기다리고 있는 것이다.

나의 사랑하는 주님이시여, 내가 당신께 무릎 꿇고 피를 토하며 온 몸에 땀으로 주께 아뢰오니이다. 당신은 나의 근원이시요 나의 모든 것이옵니다. 당신이 주시옵소서. 아멘.

주님! 이 한마디만

열심히 말 할수 밖에 없다.

주님의 이름만 부를수 있다는 건

기가막힌 은총이다.

나는 먼저 주님께 일생을

바치기를 결심했다,

그렇게 살지 아니할 수 없기 때문에,

그리고 그것은

주님이 나에게 주신 명령이고

필요하다면 죽음도 불사한다.

그리스도를 전하는 것이

나의 전부.

2月23日　아침 공기 차고 날씨 깨끗하다

아침 안정 시간이 끝나고 112호(북향)로 옮기었다. 방이 더럽기에 30분간 청소를 했다. 침상에서 감사기도를 드렸다.

"나의 주님이시여, 일생을 주님을 노래하게 하여 주옵소서. 이렇게 주님을 만날 조용한 장소를 주셨으니 이곳은 이 병원이 생긴 이래 새 역사 창조의 산실이 되게 하여 주시옵소서. 기도로 살고 성경으로 살며, 침상에서나 꿈결에서나 주님만 사모하게 해 주시옵소서.

내게 능력 주시는 자 안에서 능치 못할 일이 없으신 주님,
내가 이렇게 기다리오니 나를 단련시키시며, 나에게 고통
가운데서 주님을 찬송하게 하옵소서. 이 병원의 TB 환자를
보며 생각하면 슬프기가 가슴이 찢어지는 듯하옵니다.

가난한 어린 TB 환자를 보면, 버려진 내 동생 같아 눈시울이 뜨겁습니다. 이것이 한국이옵니까? 이곳에 주님이 계시옵니까? 주님이시여, 숨지 마시고 나를 붙들어 주시옵소서.

사랑하는 주 안에서의 형제들을 기억합니다. 생각할 적마다 기쁘고 자랑스러운 형제들이옵니다. 그들이 호리라도 실족에 빠지지 않게 도와주시고, 내 형제들의 사명이, 할 일이 얼마나 크고 위대한 것인가를 알게 해 주옵소서. 주님 이름으로 애타게 기다리는 이 죄인이 기도합니다."

12시에 이곳 원장의 회진이 있었다. 원장, 국장, 간호원장,
인턴 등.

원장: 이 사람은 어떻지?

간호원장: 아까 엑스레이 사진 본 사람입니다.

원장: 이 정도로 왜 입원했나?

나: 그럼 각혈해서야 들어와야겠습니까?

　　정신 차려 늦기 전에 고치고 싶어서 왔습니다.

원장: …….

나: 고맙습니다. 안녕히 가세요.

병은 고칠 수 있어도 인간은 누가 고칠 것인가? 아, 볼수록 괴롭고 알수록 연민스럽다. 이곳 TB들 가슴만 고치면 다 되는 줄 알고 생명만이 중요한 줄 아는구나. 영원한 생명은 한없이 한없이 썩고 있다.

엑스레이 보듯 너무 잔인하게 일점의 영상도 지워지지 않고 눈에 띄는구나. 그곳에 세상 사람들이 제조하여 줄 치료법도, 화학약품도 없다.

이것이 한국의 상류 사회이다. 섹스, 돈, 허영의 덩어리. 아무 사상도, 가치도, 선(善)도, 감격도 없다. 그들은 혼자다. 혼자서 분열된 자아를, 강하면 강할수록 감추면서 외롭게 살아간다.

오후 안정이 끝나고 정이화씨가 찾아오다. 나는 이런 이야기 저런 이야기 끝에 내 목적인 그리스도의 접근을 시도. 그리스도의 이야기로, 새 생명의 이야기로, 가난한 이 한국, 내 민족의 이야기로 화제가 돌아간다. 함께 기도했다. 정말 나는 진심으로 기도했다. 울면서.

그 사람은 30대, 겸손히 같이 기도하면서 한없는 주님의 은총을 체험할 수 있었다. 끝나고 보니 15분이나 기도했다. 같이 주기도문 외우면서 다짐한다. 내일부터 4시-4시 30분 이곳에서 성경과 기도의 시간을 가져야겠다.

한 사람도 좋고 두 사람도 좋다. 나는 이곳에 보내진 그리스도의 편지요 향기다. 그리스도의 사도이다. 강하게 주님의 권위로 주님을, 생명의 주님을 전하리라. 그네들의 가슴에다 행동으로 전하리라. 성서로, 그리스도의 심장으로 전하리라.

하루에 30분 함께 제사 드리자. 성스럽게. 나는 이 일을 위하여 매순간마다 기도마다 주님께 능력 주십사 기도한다.

내가 제일 어린 사람. 이곳 사람은 전부 나보다 윗사람. 돈
으로나 사회적으로나, 권력으로나, 나이로나 나보다 윗사
람. 그러나, 나에겐 주님이 있다.

* 주님이 주신 성경

"그러나 하나님이 실로 들으셨으며

내 기도 소리에 주의하셨도다

하나님을 찬송하리로다

저가 내 기도를 물리치지 아니하시고

그 인자하심을 내게서 거두지도 아니하셨도다"

(시편 66편 19-20절).

* 이 민족을 향한 하나님의 음성

"하나님은 우리를 긍휼히 여기사 복을 주시고

그 얼굴 빛으로 우리에게 비춰사 (셀라)

주의 도를 땅 위에, 주의 구원을 만방 중에 알리소서

하나님이여 민족들로 주를 찬송케 하시며

모든 민족으로 주를 찬송케 하소서

열방은 기쁘고 즐겁게 노래할찌니

주는 민족들을 공평히 판단하시며

땅 위에 열방들을 치리하실 것임이니이다 (셀라)

하나님이여 민족들로 주를 찬송케 하시며

모든 민족으로 주를 찬송케 하소서

땅이 그 소산을 내었도다

하나님 곧 우리 하나님이 우리에게 복을 주시리로다

하나님이 우리에게 복을 주시니

땅의 모든 끝이 하나님을 경외하리로다"

(시편 67편).

* 화장지 2개, pilot ink(black) 1병 사다.

나는 이곳에 보내진
그리스도의 편지요 했기다
그리스도의 사도이다.

주님께 능력 주심사 기도한다.
나에겐 주님이 있다.

2월 25일   맑음

24일의 일기를 쓰자. 23일 저녁은 귀중한 시간이었다. 입석 이후 어쩌면 가장 깊은 해후였으리라. 그날 밤 10시, 시편을 몇 장 읽었다. 하루 종일 기도로서 살았다. 나는 이곳에 온 후로 몇 가지 생각을 계속 갖게 되었는데 그것은 주님과의 만남이었다.

온 힘을 다하여 만남에로의 길을 모색하고 기도한다. 기다림에로의 온 육신이 눈과 귀가 되어 촉각을 세운다. 성경을 읽고 조용히 기도를 한다. 나는 거기서 주님과의 깊은 대화를 발견하게 되었다. 그것은 먼저 '나'에의 자각이다.

입석에서보다 말할 수 없을 정도로 울었다. 입석 이후에 찾은 나의 새로운 발견이고 시발점이다. 주님을 보니 나는 울지 않을 수 없었고, 그 사랑하는 주님의 눈동자를 보니 못되고 교만한 나는 숨길 수 없었다. 있는 그대로, 예전에 미처 생각지도 못했던 것들이 배에서 홍수가 터지듯, 봇물 터지듯 터져 나온다. 이런 홍수가 있을까? 이런 변이 있을까?

주님은 아무 말씀 안하신다. 입은 꼭 다무시고 눈에는 고통과 기다림과 슬픔으로 눈물이 꽉 찼다. 그 두 손에는 핏자국이 아직 마르지 않은 채 조용히 나에게 향하였고, 발에도 머리에도 그대로 피투성이다. 옆구리에 칼이 꽂혔다.

그것이 변하여 나의 못된 것들이 날카로운 비판의 칼로 변하여 주님의 가슴에 난도질을 해 놓았구나. 나는 그것을 보았다. 나는 주님의 사랑과 연민의 눈 - 기다림에의 눈을 보았다.

내가 울지 않을 수 있고 넘어지지 않을 수 있을까? 나는 내가 주님을 사랑하고 사모하는 것으로 생각했다. 그 누구보다 생명을 내놓고 주님을 사랑하고 사모하는 줄 알았다.

그러나 주님의 눈을 보니 이미 그 언제부턴가 주님은 나를 사랑하고 계셨다. 너무나 사랑하고 나를 연민하시는 까닭에 아무 말 못하시고, 내가 내쫓은 문 밖에서 우시면서 사랑으로 살고 계시었다.

나는 내 생애를 걸고 주님을 기다리고 기다림에로 나를 불태운 줄 알았다. 주님을 뵈었을 때 주님은 그 언제부터인가 눈을 맞으시며 비바람 속에서 사랑과 구속의 선물을 들고, 너무 사랑하시는 까닭에 아무 계산도, 수치와 모멸도 잊으시고, 손해를 따지시지 않고 그 언제부턴가 기다리고 계셨다.

내가 이렇게 이곳에 오지 못했더라면 기다림의 화석이 되었으리라. 주님은 그런 기다림으로 기다리셨음을 보았다. 나는 자의적으로 이곳에 온 줄 알았다. CCC 때문에 얻은 병은 아니라고 생각한다. 주님의 일을 하다가 얻었다는 마음은 정말 없다.

그러나 주님의 모습 뵈올 때 이것도 무너진다. 주님은 나를 사랑하시다 못해, 기다리시다 못해 기도로, 끝없는 사랑으로 십자가에 죽기까지 나를 위했다. 주님은 나를 필요로 하신다.

지금 이때가 아니면 나는 내가 설정해 놓은 이론이나 집 속에서 헤어나지 못할 것을 아시고, 주님과는 너무도 먼 곳에서, 그것도 주님의 집에서 못나게 살 것을 아시고 이렇게 아프게 해서, 그것도 잠깐 아프다가 말 다른 병이 아니라, 오래 투병 생활을 각오해야 하는 TB라는 병을 통해서 주님은 나를 만나시려고, 사랑을 주시려고 이곳에 오게 하시고 만나시려는 사랑과 은총을 알게 되었다.

주님을 만났으므로 이전 것은 지나가고 주님과의 해후의 생활이 시작된다. 마치 정말 사랑하는 여인과 세상의 여러 가지 고통과 다른 이유로 만나지 못했다가 어느 무인고도에서 극적인 해후로 사랑의 시간과 인격의 대화를 서로 나누면서 서로를 주고받는 것일까.

나는 이 영원한 첫사랑의 해후에서, 주님을 만나는 이 시점에서 한없는 사랑과 기쁨을 느끼며 감사와 감격 속에 있다. 이제부터 나의 모든 고백은 내 생활을 주님께 드리는 고백이다. 스스럼없이 나를 고백하고 용서를 구해야지 스스럼없이 나의 사랑을 고백할 수 있다. 이렇게 내 마음 속에 주님은 계신다.

조용히 앉으셔서 황량하고 삭막한 내 마음 밭에 주님이 앉으셔서 사랑으로 내 얘기를 들으신다. 내 생각엔 주님이 지루하실 텐데 그런 표정 하나 없이 마치 너무 사랑하기 때문에 사랑의 고백을 들으시는 것처럼, 제일 값진 선물을 받으시는 것처럼 들으신다.

풀 한 포기, 나무 한 톨 없는 메마른 사막처럼, 나무 없는 뻘건 민둥산 같은 내 마음은 주님이 앉아 계시기에 그곳이 오아시스다. 샘이 흘러나오고, 세상에서 제일 훌륭한 맑고 고운 하늘 위에 펼쳐진 초원이다. 아늑함이 깃든다. 이곳은 밀실이 되고 사랑의 신방이다.

푸른 잔디가 사랑스럽게 탐스러우며 이름 모를 만방의 화초들이 화사하다. 감람나무, 청청한 소나무, 전나무, 잣나무… 이름 모를 한 아름드리나무가 겸손하게 솟아 있고 디베랴의 호수처럼 맑고 깨끗한 호수가 있다. 그 곳은 마지막 승천하시기 전에 베드로에게 "요한의 아들 시몬아, 네가 나를 사랑하느냐?" 물으시던 곳이다.

신앙의 선배들이 저 곳에서 온다. 더러운 옷, 때 묻은 얼굴, 상처 난 마음, 거짓스럽고 허영과 거드름으로 일그러진 눈, 이런 모습으로 주님 앞에 섰다.

나는   내가 주님을 사랑하고

사모하는 것으로 생각했다.

그 누구 보다 생명을   내놓고

주님을 사랑하고 사모 하는 줄 알았다.

그러나 주님의 눈을 보니

이미,

그 언제부턴가   주님은

나를 사랑하고 계셨다.

이제 부터
나의 모든 고백은
내 생활을 주님께 드리는 고백이다.
스스럼 없이 나를 고백 하고
용서를 구해야지,
스스럼 없이 나의 사랑을
고백할 수 있다.
이렇게 내 눈에
내 마음 속에 주님은 계신다.

나의 지금 최대의 초점은 이것이다.

나는 주님의 모든 것을 철저하게 믿는다.

성경의 모든 말씀을 믿는다.

사랑도 믿고   믿음도 믿고 주님의 소망도 믿

나는 그런데 어떻게 기다리고 있는 것이냐

이몸의 피가 전부 마르도록 갈철하다가 지

상접 하도록,   나의 죽음을 머물고 기다린

아, 나는 목이 타는구나.

사랑 이여, 사랑인지   사랑이여

샘명과 사랑을 받 나는   만남이여

죽님의 옷자락을 쥐는 만남이여

나는 죽님의 무덤에   엎드려 울고 있습니다

엠마오 도상에서 나타나신 죽님 이여

나는 모든것이 싫습니다.

이젠 아무것도 갖고 싶지 않습니다

사랑을 고백 하게 하소서   사랑을 사랑하고

심장을 뜨겁게 뜨겁게 사랑하게 하소서

죽님, 가난 하게 살아도 좋습니다. 무명의 촌

아무 명에도 권세도 자랑도 칭찬 받음도 없이

살아도 좋습니다

나는 사랑하지 말고는 살 수 없게 해 주소

─────── 대학교 3학년 여름 수양회 캠프에서 폐병이 발견돼 휴학을 했다. 그 무렵 나는 제대로 먹지 못하고 자지 못하고 밤 12시까지 전도를 하고 돌아다녔는데, '이렇게 급한 때에 하나님은 왜 아프게 하실까?' 해석이 되지 않았다.

약을 먹고 병원에 입원해 있는 것이 너무나 고통스러웠다. 전도하지 못해서 고통스러웠다. 그래서 입원한 환자들을 위로하고 전도하기 시작했다. 환자들끼리 성경 공부를 하기도 했지만 대부분의 시간은 하나님께 깊이 기도하고 성경을 읽고 묵상했다. 하나님은 나를 병원에 집어넣고 아무도 못 만나도록 고독하게 만들고 절망하게 한 뒤, 성경만 보게 하셨다. 그 뒤 기적처럼 퇴원해서 집으로 돌아왔다. 군대에 가 한참 군대 생활을 하는데 폐병이 재발했다. 사람은 잊을지라도 하나님은 잊지 않으신다는 증거다. 다시 그 병을 앓으면서 끈을 놓지 않으시는 하나님을 만난 것이다.

군 결핵 요양원으로 후송되어 그곳에서 또 전도를 했다. 길이 막히면 나는 전도를 한다. 환자들을 대상으로 새벽 기도부터 시작했다. 사람들을 쫓아다니면서 전도했다. 내가 분명히 알게 된 것은 인간의 이성으로 해석할 수 없는 일이 많다는 것이었다.

3月 4日 맑음

차분히 앉아서 글을 쓰기가 어렵다. 왜냐하면 건강으로 집
중이 어렵기 때문이고, 시간적으로 해방되어 있지 못하기
때문이다. 몇 자 이렇게 적을 때도 눕고 싶어진다. 조용하
게 주님을 불러 본다. 나의 주님을.

무엇보다 먼저 기도하고 성경 읽고 주님을 생각하는 시간을
갖자. 말을 많이 하지 말자. 확실하게 주님을 전한다. 성경
공부는 계속 한다.

지금 치료한 이가 몹시 아프지만 속상하게, 참을 수밖에 없지 않은가? 그러나 이 문제보다 허식과 꾸밈없이 어떻게 전할 것인가? 기도하자. 한 사람 만나기 전에 기도한다. 주님을 이야기하기 전에 기도하자.

하루의 반을 주님과 나만의 시간으로, 주님께 하루의 반을 기도와 성서로 만나고, 하루의 반을 전도로써 지낸다.

3月 5日 맑음

벌써 이틀째 성서 공부를 못하고 있다. 윤○○ 씨의 건강이 좋지 못하기 때문이고, 또 하나는 이곳(병원 안의 사람들)은 이방 지대이기 때문. 그러나 지금 이렇게 공허하고 자신에 대한 절망이 스며드는 것은 나의 믿음 때문이다.

교만하게 거드름 피우면서 허영을 없애 버리지 못하고 '나'라는 것이 결핵균처럼 달라붙기 때문이다. 주님이 아니고 나라는 것 때문에 절망하고 있다. 또 하나, 너무나 성급하게 도전했다는 것. 양이 아니고 질이다. 질로 환원하는 용기.

또 이곳을 떠나야 한다. 항상 떠나야만 하는가? 어디에 가든지 마찬가지. 내가 근본적으로 공허해지면 어느 곳에서나 공허를 메꾸는 것은 없다.

모든 것으로부터의 단절. 성서로 돌아간다. 주님과 나의 조용한 밀실. 침묵을 지키자. 때를 얻든지 못 얻든지 주님을 전하라고 말씀하셨다. 나에 대해서 침묵을 지키자.

그러나 크리스천의 냄새를 두려워하는 것이 아니기 때문에 먼저 침묵으로 주님과 나의 만남에 대한 방해를 안에서부터 밖에서부터 막아 낸다. 아무리 피곤해도 기도해야 한다.

오늘 나는 무엇을 했는가? 평범한 하루가 아니었던가? 이처럼 귀중한 시간은 없다. 나는 이렇게 살 수가 없다. 생활을 혁명하고, 타성을 깨며, 습관을 혁명하자. 정말 이렇게만 살 수 없다. 나를 봐라, 나를 봐라, 이상한 것으로만 가득 차 있는 나를 봐라.

주님, 나의 사랑하는 주님, 비참한 저의 상처 난 마음을 보살펴 주옵소서. 아무리 가도, 아무리 하여도 저는 주님을 울렸습니다. 못된 나를 용서하여 주옵소서. 성경 공부를 한다고 자랑 아닌 자랑을 하였나이다. 이런 상태에서 성경 공부 못 하게 되면 저는 또한 변명을 해야 하고 새로운 거짓을, 새로운 위선을 가려야 했습니다.

나의 주님이시여, 이런 비슷한 구조 속에서 방황하고 있나이다. 나의 주님이시여, 나를 굽어보소서. 주님, 주님이 주신 은총을 생각하여서도, 영원히 영원히 못다 헤아릴 사랑을 생각하여서라도 이렇게 살 수 없나이다.

주님, 제 생활을 정리하여 새로운 결단으로 채찍을 가하여 주옵소서.

사랑으로 살 수가 없다면, 주님의 피 묻은 십자가의 흔적에 참여하며 끝없이 바라보는 의지가 없다면, 나의 혀를 끊어 주시고, 눈을 멀게 하옵소서. 두 손을 절단시켜 주옵소서.

차분히 앉아서 당신께 아뢰올 수 없는 마음이옵니다. 그러나 주님께 이렇게 부르짖사오니 나의 갈 길을 인도하소서. 나의 모든 것의 모든 것으로 그리스도만 바라보는 은총을 주옵소서.

3月 7日

아침에 찬 서리가 흰 눈처럼 내리더니 날이 쾌청하고 온화하더라. "어이! 하 목사!"로 시작되는 하루. 이곳에서 지음 받은 별명. 어떤 사람은 나더러 어떤 신학교를 다니느냐, 또 어떤 이는 예수쟁이를 보면 밥맛이 없고, 꼴 보기 싫다고. 아침 식사, 점심, 저녁 감사 기도할 때마다 왜 그렇게 오래 기도하냐는 등, 기도하면 소화가 잘 되냐는 등 별의별 소리 많이 듣는다.

기독교인의 모든 비행에 대하여 사회의 모든 부조리와 부패와 기독교인의 썩음에 대하여 총공격의 대상이 된다. 그러나 한편, 따르는 사람도 있고 신앙에 대해서 성실한 사람도 있지만 한마디로 말해 이방 지대.

기독교를 믿지 못하는 이유와 그 형태를 분류해 본다.

① 신에게 반항, 즉 자기에 대한 이기적인 집착 때문에. 기
독교를 무시. 질문을 위한 질문과 반항을 위한 반항이다.
[심지어 이런 일이 있었다. 저녁 식사 때, 식당에서 병원 가운은 청색
코르덴으로 신부 옷처럼 생겼는데 문○○ 씨가 신부처럼 단장, 한손
엔 성경(찬송가)을 가슴에다 끼고, 한손을 높이 들어 '예수를 믿으시
오' 식당 입구에서부터 연극을 시작, 뒤에는 송○○ 씨가 까만 안경을
쓰고 나무 막대기(시커먼 각목)로 봉사 흉내를 내며 뒤따르고. 봉사를
눈 뜨게 한다는 스토리다.] 따분하고 심심하니 웃기고 웃으려
고 그랬지만 나를 골려 주려는 마음인 듯싶었다. 기독교
조롱 ⋯ 슬슬 나의 눈치를 보아 가면서⋯. 모든 반항적인
질문을 종이에다 적어서 제시. "하나님과 악마의 싸움통
에 왜 이렇게 인간을 못살게 구는가? 그리고 그 하나님은
대체 나와 무슨 상관이 있느냐?" (문○○)

② 선의 기준은 양심이다. 하나님이 없어도 양심으로 살 수 있다. 예수는 싫고 기분 나쁘다. 어째서 나를 포기하라고 하는가? 신도 인정하고 예수도 인정하며 기독교가 옳다고 인정한다. 그러나 나는 인간이 되고 싶다. 거짓된 크리스천보다는 회의하고 고민하는 인간이 되고 싶다. 양심이 최고의 선이고 근본이다. 크리스천보다 선하고 착하게 살 자신이 있다. 예수 없이 착하게 살 수 있고, 비록 내가 예수를 믿게 되어도 더 시행착오를 하겠고, 그런 젊음이 있다. (임○○)

③ 기독교는 기분 나쁜 종교이다. 나를 설득시켜 봐라. 가난이라는 문제와 사회의 빵 문제를 기독교가 해결하여 준단 말인가. (이○○)

④ 기독교가 좋은 줄 안다. 그러나 악이 이기고, 선이 쇠하고, 크리스천은 믿음에 의해서 진리에 의해서 믿는 것이 아니라, 구호물자, 명예, 이권 다툼, 권력 등의 이유로 기독교를 택한다. 나는 이런 사실들을 많이 보아 왔다. 목사는 바닷가의 조갯돌 던지듯이 예수를 내버리고 팔아먹더라. 물론 예수 믿는 사람이 그런 것은 아닌 줄은 안다.

상거래 할 때, 돈을 안 주면 예수 믿는 사람도 그러냐는 식으로 양심을 찌르는 무기로 삼아. 나는 사업상으로 이롭기 때문에 예수 믿는 사람과 거래를 몇 곳 하고 있다. 내가 아는 사회의 종교 지도자들의 최고 모임은 순엉터리고, 권력 다툼이다. 나는 앞으로 사회를 도적질하고, 나쁜 짓도 좀 더하여 충분히 돈을 벌고 난 다음 예수를 믿든지, 불교를 믿든지 믿음을 찾겠다. 하나님이나 예수를 모독하고 싶지 않다. 내가 지금 믿으면 모독하게 되는 것이다. 죄를 더 짓고 50세쯤 되어 한꺼번에 회개하여야겠다. (이○○)

⑤ 예수를 믿으면 미칠 것 같아 못 믿겠다. 예수를 믿을 만
  한 신념이 없다. (조○○)

⑥ 아무 이유 없이 조롱하고 싫어하는 경우 (이○○), 서로
  의 환경이 다르니 강요하지 말아 주시오가 대부분의 경
  우.

예수 믿는 사람의 경우

① 성서를 절대적인 판단의 기준으로 삼는 사람인데 모든 것을 성서로 비판하고 정죄한다. (이○○)

② 참다운 크리스천. 예수를 정말 잘 믿는 사람 (윤○○). 이곳에서 예수를 완전히 믿게 되었는데 중환자이다. 성서의 기쁨을 알고 겸손하고 진실하다.

③ 좋으니까 믿고 있지만, 성경 공부 시간보다 라디오 연속극을 더 좋아하는 사람. 그러나 성서에 대하여 긍정적이나 적극적이 아님. (정○○)

④ 범신론적인 믿음의 대상으로

⑤ 예수보다 TB 고치는 것을 우선으로 하는 사람. (권○○)

편지 한 통이 왔다.

사랑하는 용조!

찬송하리로다 그는 우리 주 예수 그리스도의 하나님이시요, 자비의 아버지시요, 모든 위로의 하나님이시며, 우리의 모든 환난 중에서 우리를 위로하사, 우리로 하여금 하나님께 받는 위로로써 모든 환난 중에 있는 자들을 능히 위로하게 하시는 이시로다 그리스도의 고난이 우리에게 넘친 것 같이 우리의 위로도 그리스도로 말미암아 넘치는도다(고린도후서 1장 3-5절).

추신: 사람들로부터 받는 위로보다, 이번 기회에 하나님으로부터 오는 위로를 깊이 깨달아서 참으로 그리스도의 고난에 참여하는 용조가 되기를 두손 모아 기도 드린다.

1969. 3 . 5 너를 진심으로 사랑하는 강용원

성령을 주시는 이도 그리스도요 회개케 하시는 이도 그리스도이시다. 오늘은 가장 귀한 날이구나!

당신의 한 양이 산골에서, 죽음의 골짜기에서 구원되었나이다. 성경 공부를 계속 하기 위해 윤○○ 씨 방에 찾아가니 소등하고 조용히 누워 있더라. 몸이 불편하여 누워 있노라고 하기에 이마를 짚어 보니 미열이다. 그분은 이곳 PT 중에서 중환자에 속하는 30대의 강원도 중학교 교사인데 성격이 대쪽 같고, 의리와 진실에 살며, 깔끔한 성질의 진실된 사람이다.

성경 공부 하지 못하고, 자기를 위해 기도를 부탁하므로, 나의 사랑하는 주님을 부르짖으며 사랑과 연민으로, 성실한 마음으로 기도하였다. 정말 안타까운 마음과 무엇이라 형용할 수 없는 사랑의 마음으로 윤 선생님 용모만 보아도 터질 듯하다.

까칠하게 마른 얼굴, 작은 체구, 살아 있는 눈, 모든 인내를 먹고 살았던 참다운 생애, 어쩌면 시체같이도 보이는데 그렇게 겸손하게 주님을 사모하고 말씀에 순종한다.

주님을 모르는 건강한 사람들. 주님을 사모하는 모질게 아픈 병상의 심장들. 기도하면서 그이는 한없이 울더라. 누운 채로, 이불을 목에 걸친 채로 두 손을 얼굴에 씌운 채 빗방울 같은 눈물을 한없이 쏟으며 흐느끼더라.

나의 기도에 감동이 되어서라기보다 성령에 의해서 그렇게 우시더라. 아마, 그니의 성격으로 보면 처음으로 그렇게 우셨을 터인데…. 기도가 끝나고 손을 붙잡고 진실된 신앙의 고백을 하였다.

"회개가 그렇게 안 되고, 답답하고, 어쩔 수 없는 마음에 몸도 아파 이렇게 있었소. 몸이 이까짓 정도 아픈 것이 문제가 되겠소? 교만하고 못된 나를 어쩔 수 없고 어제까지 지나온 모든 죄가 그렇게 선명하게 하나 하나 비수가 되어 내 가슴을 찌르오. 하 형의 기도에 나는 울지 않을 수 없었고 너무 감사하고 감격하여 울었으니 그리 아시오."

나는 찬송가 "주 예수 대문 밖에 기다려 섰으니"와 "주 달려 죽은 십자가 우리가 생각할 때에"를 불러 드리면서 가냘픈, 메마른 두 손을 새까맣게 된 얼굴을 감싸며 감격 속에서 울고 있던 윤 선생님을 바라보며 그 방을 나왔다오.

오늘은 한없이 우울하고, 감상적이 되었다. 아침부터 '눈물 고개'를 지나 낚시터로. 이슬이 은세계를 이룬 잔디를 걸으며 한 공기를 호흡했다. 석양의 송림 사이에서 나는 한 버러지가 되었네. 그러면서도 하늘을 우러러 비전과 사랑의 날개를 돋우리.

바르고 옳게 살자. 주님 말씀대로 살자. 정직하게 살고 숨기지 말고 살아야 한다. 사람을, 사회를, 현실을 도피할 수 없다.

바르르 붉게 살자.

주님 말씀대로 살라.

3月 9日   짙은 회색 안개

주일 새벽에 찬송으로 모일 사랑의 형제들을 기억한다. 찬 공기가, 10m 앞을 가로막은 안개를 선뜻 나서게 하지 않는다. 조반을 먹고 안정하고 원장의 회진이 있다기에 밖으로 나가다.

온종일 어딘가 서성거려야 했다. '나'라는 것이 가만히 두지 않는다. 누구와 얘기하고, 혼자 멍하니 사색하고. 누구의 시선을 의식하므로 나를 잊어야 하고.

오늘은 논밭 사이로, 찬 이슬 사이로 산으로 다녔다. 한독벤
치에 앉아 루이제 린저의 《*Mitte des Lebens*》(생의 한가운데)
를 읽기 시작. 추웠지만 꼬박 1시간을 앉았다. 기동차의 기
차 기적 소리가 두 번 울렸다. 한 번은 안개로 볼 수 없었고,
또 한 번 온 것은 시야 속에 무엇인가 움직이는 물체를 볼
수 있었다. 눈이 녹아드는 토양은 따사롭다. 썩은 단풍잎이
버석거리는 것처럼 토양은 부드러운 감촉을 준다. 얼음도
이젠 긴장을 푸는 것인가.

나는 왜 여기 있는 것인가? 타의에 의해서 살아가야만 할
까? 아니다. 신이 있기에 부자연스럽게 느껴야 하고, 얽매
이며 생을 강요당하는 게 아니다. 그런 게 절대 아니다. 진
실로 돌아오고 허위의 무의식에서 뛰쳐나와야 한다.

이런 타성에서 살 수 없다. 관계되어진 속에서만 생을 추구할 수 없다. 누군가 지옥에 있다면, 그 사람이 내가 가장 사랑하는 사람이라면 나는 얼마나 간장이 녹아날 것인가.

천국에서 화려하고 행복하기보다는 못다 푼 인간 문제와 진리 문제를 안고 성실하게 지옥에서 유황불의 괴로움 속에서 방황하리라.

신이 있어 생을 긍정할 수 없다는 사람은 거짓말쟁이고 위선자이다. 그는 인간을 모르든지 신을 부정하여야 하는 허영에 살고 있든지 둘 중에 하나이다.

신이 있기에 인간은 참으로 위대하다. 고민과 고통은 그러기에 진실히 부딪히게 된다. 신이 없이 인간을 추구하는 허구, 아! 사랑하는 주님이 있기에 나를 지으신 창조주 하나님이 이 역사 속에 살아 계시기에 이렇게 괴로운 것이다. 어찌 이러한 분노를 인간은 아무런 연민 없이 당해야 한단 말인가.

차라리 내가 죽을지언정, 지옥에 갈지언정, 내 식구들, 나의 핏줄, 형제 동포와 동지들이, 내가 사랑하던 사람들이 주의 진노를 받을 수 있단 말인가. 안 된다. 그럴 수 없다.

방법, 하나의 방법, 성서로 돌아가야 한다. 회개해야 하고 기도해야 한다. 사랑하는 나의 주님을 만나야 한다. 죽기까지 구하여 피 흘릴 그 순간까지 피골이 상접하고 영혼이 메마를 때까지 구하여 주님을 만나야 하고, 이 진노의 심판에서 구원받아야 한다.

사랑하는 주님을 먼저 알았기에 당하여야 하는 인간의 미련과 수난. 아! 끝없는 연민이여, 연민이여. 살을 찢어라. 눈을 빼 버려라. 정신을 독수리가 쪼아 먹어라.

해골들아 해골들아, 방황하는 영혼들아, 상처받은 영혼들아, 나의 사랑하는 사람들아. 우수라는 것은 인식의 기초가 된다. 진짜 우수, 가짜(거짓) 우수. 생을 자랑하고 기뻐한다.

정다운 세계로 데려가려고 하면 그것을 의심하는 것을 볼
수 있을 거야. 그는 보다 정다운 세계가 있다는 것을 믿지
않아. 그는 이미 그의 우울에 마비되어 있는 거야. 그는 우
리를 보고 웃고… 마치 우리의 말을 믿는 것처럼… 하지만
우리와 같이 가기 위해서 일어서지는 않는다.

덜 이성적이고, 위대한 어리석은 짓을 저지르고, 굉장한 혼
란을 일으킬 수 있다면 무엇이든지 줄 수 있을 것 같아. 아
니야, 그런 걸 원하는 것은 경박이야.

예수를 믿는다는 것은 그 사랑과의 만남 속에 환희의 생기가 넘쳐야 한다. 언제나 마치 광인의 고정관념의 망상에 사로잡힌 것처럼 생기 있는 그 무엇에 몰두되어 있고, 피가 터진 것처럼 생명이 숨 쉬고 있는 것이다.

병원, 하나의 법법,
성서를 묵사아 한다

사랑하는 나의 죽음을
만나야 한다.

3月 10日

아침에 인천에 다녀왔다. 치과에 들렀더니 싼뿌라찌 3천원, 금 8천원, 백금 만원이 든다고 하더라. 몇몇 사람의 심부름을 하고 커피 1개, 설탕커피 세트(4개)를 샀다.

어제는 가방을 길가에 놓고 버스를 타 엉망이 되었고, 오늘은 커피 세트를 놓고 와서 엉망이 되었다. 내일 찾을 수 있을지….

이○○ 씨, 이○○ 씨, 이○○(나중에 왔다) 씨와 함께 철로
변 걷기. 나를 몹시 조롱하던 이○○ 씨에게 억지로 10분을
뺏어 함께 성경 읽기와 기도하기를 했다. 윤승구 씨와 성경
공부.

3月 12日   밤 0시 45분

스팀 소리만 나는 밤이다. 기적 소리, 소나무 위로 지나가는
바람 소리. 저녁 회진 때 커피를 먹지 말라던 간호 원장님,
내 건강을 위해선 잠을 청해야 했다. 아까부터.

그러나 오늘만은 예외이고 싶다. 하루를 살기 위해, 내가 살
아 있다는 것을 느끼기 위해 오늘 하루만 예외이고 싶다. 아
침에 병원에 갔다 오고, 하루에 한 번씩 무얼 잊어버리는 과
오를 잊지 않고.

낚시터에서 고기를 잡는다. 우리는 얼음을 깨는 장난을 하
고. 그래서 드디어 나는 찬 얼음이 있는 낚시터에 빠지고 말
았다. 후줄근하게. 덕분에 빨래도 하고 샤워도 했고….

누군가 나를 찾아오리라 기대했던 대로 건강 진단서를 의국에 가서 부탁하고 나오니 어머니, 아버지가 사과, 배 등을 가지고 먼 길을 찾아오셨다. 처음으로 느껴 보는 애정.

부모님에게 향한 말할 수 없는 연민. 그냥 물끄러미 바라볼 수밖에 없었다. 아버지라는 것, 어머니라는 것…. 아무튼 절대 핏줄에 있어서는 성스럽고 신비스러운 것이다.

누가 무엇이라 해도 나는 나의 부모님을 버리고 반항할 수가 없다. 이 시간 누가 나를 방해하지 않았으면 좋겠다. 주무시라고 강요할 간호원의 발걸음이 자꾸 마음에 걸린다.

오늘처럼 부모님이 좋았던 때는 없었다. 그냥 고맙고 눈물이 난다. 그렇게 먼 길을 찾아오셨고, 나에게 필요한 돈을 주고, 먹을 것과 옷을 주어서도 그렇지만, 감상적이고 싸구려의 일방적으로 설명이 되는 사랑이 아닌 무엇인가 표현할 수 없는 침묵에서의 사랑의 언어를 강하게 느끼게 되어서이다.

이 사랑에 연하여 주님의 피의 사랑과 접하게 되고, 그래서 나는 이 한밤이 순수히 이렇게 예외의 밤이 되었나 보다.

나는 아무리 모든 것을 무섭게 추구하고, 도전하고, 끌어 봐도 '잘못되어 있다'라는 결론 속으로 돌아오게 된다. 아무리 잘하려 해도, 또 잘했어도 잘될 수 없는 느낌이 선행적이다.

허영으로 하루를 살고 나면 잠자리의 베갯머리엔 피곤뿐이다. 새로운 나의 각오는 더욱 더 나에게 멀어지고, 외람되게 하고, 집념과 강한 의식은 나를 잡아먹는다.

열심히 살려고 추구했던 하루는 초라한 것뿐. 초라한 자신을 바라볼 수 없어서 무섭게 반항을 시도해 보지만, 결론은 그 이상일 수 없다. 아니 어쩌면 무섭게 반항하기 이전이다. 그러기에 그 길목에 서 있다. 움직이는 걸음마다, 음향을 찢는 순간마다 잘못뿐이었다. 도대체 왜 나는 잘못해야 하는 걸까?

왜 나는 자꾸 이런 물음을 가져야 하며, 이것은 숨길 수 없는 사실로 다가오는 것인가. 화 내기에도 지치도록 싸워 보지 못했던 그만한 인내와 도전 이전의 나. 무엇인가 철저해지고 중요한 모험을 하지 않고는 참을 수가 없다. 생활을 바꾸지 않고서는 견딜 수가 없다.

그러나 이것보다 더 참고 견딜 수가 없는 것은 **변화를 시도**해 봐도 '잘못'이라는 것은 영원한 잘못뿐인 것. 다양성에서도 근원적인 혁명은 없다는 것. 결론은 메울 수 없는 깊은 강에 모래 뿌리는 사공에 불과하다는 것에 있다. 그러나 하나의 예외가 있다는 데 나의 고민이 있다. 생명과 구원의 실존적인 그리스도와의 만남과 그를 향한 사랑의 시간이 그것이다.

몇 시간 성서를 읽었다 해서 그것이 잘못되었던 것이라고 결코 느껴 보지 못했기 때문이다. 생을 바꿀 수도, 대치할 수도 없다. 성서 읽기에 전부를 주력하여야 한다. 내일부터 지키고 싶은 시간표가 있다. 그러나 이렇게는 잘 안될 것이다. 단지 이렇게 하고 싶은 것은 나를 변화시켜서 나를 지키고 싶어서이니까.

3月 15日

주님께 사죄의 은총을 한없이 고백하고 싶은 새벽. 새벽을
살면서 주님께 이 민족의 길과 우리의 길이 주님이 주신 비
전에서 알알이 익어가도록 기도하고 느끼고 싶은 새벽. 오
늘 4시에 기상(간호원에게 부탁).

무모인가 철저해지면

중요한 모험을 하지 않고는

참을 수가 없다.

생활을 바꾸지 않고서는

견딜 수가 없다.

눈을 바꿀 수도

대치할 수도 없다.

성서 읽기에 전부를

주력하여야 한다,

주님을 보르는 건강한 사람들
주님을 사모하는 모질게 아픈 병
의 심장들.

기도 하면서 그녀는 한없이 울더라
누운 채로, 이불을 툭에 걸친 채로 두
얼굴이 섞은채 빗방울 같은 눈물
한없이 쏟으며 흐느끼더라.

나의 기도에 감동 되어서 라기 보
생활에 의해서 그렇게 우시더라.
아니 그녀의 성격으로 보면 처음
그렇게 우셨을 터인데.

기도가 ～～～～～ 끝나 손을 불잡고
진실된 신앙의 고백을 하였다
회개가 그렇게 안되고, 답답하고 억
없는 바람에 몸도 아퍼 이렇게 ～
몸이 이까짓 정도 아퍼 문제가 되겠
교만하고 못된 나를 어쩔수 없은
이제 까지 지나온 일들 회가 그렇게
하게 하나 하나 비수가 되어 내 가슴
찌르르, 하염의 기도에 나는 울지 ○
수 없었고, 너무 감사 하고 감격하여

─────── 병에서 병으로, 나는 20대 때부터 한 번도 아프지 않고 보낸 해가 없었다. 질병은 인생의 동반자와 같다. 이것도 하나님의 은혜이다. 하나님은 내가 교만할 것을 아시고 바울의 가시처럼 질병을 꽂아 놓으셨다. 까불지 말라, 교만하지 말라. 병이 도지면 나는 꼼짝 못한다. 다시 원점으로 돌아가는 것이다.

병이 나를 어쩌지 못했다. 고난이 나를 어쩌지 못했다. 사탄의 공격이 나를 망가뜨리지 못했다. 고난과 환경을 두려워할 필요가 없다. 하나님만 바라보고 나가면 이상하게 파도를 넘듯이, 산을 넘듯이, 모든 고난을 뛰어넘어서 승리하게 된다. 나는 이것을 굳게 믿는다. 병치레를 통해 치유하시는 하나님을 만났다. 고통스러울 때마다 영적인 충만을 경험한다.

내 마음에는 늘 아픈 사람들, 힘들게 살아가는 사람들이 있다. 그들이 나의 가족처럼, 동창생처럼 느껴진다. 병을 통해 하나님의 은혜를 깨달았고, 아픈 사람에 대한 주님의 마음을 알게 되었다.

3月 16日

어제는 기쁜 날. 오후에 이성도 군이 우유 2병을 들고 찾아와 주었다. 이어서 김준곤 목사님과 강용원 간사님, 강경자와 그 친구분, 서울서 택시로 이곳까지.

쇠렌 키에르케고르의 《사랑과 실존》 등 선물로. 조용히 걸으면서 깊은 이야기를 해주셨다. 내 속에 있는 무엇인가 전체를 비워 놓고, 남과도 자신과도 멀어져 오로지 주님과의 만남을 가지라고 하셨다.

일생에 있어서 가장 중요한 순간들로, 고통을 넘어선 새생명과 사랑과 은총의 체험으로 기도하라고 하셨다. 녹음기를 서울로 보내고. 오늘은 아침 5시에 기상, 그냥 자게 되었다. 간밤에 내린 눈이 있어서 하얀 세계로 만들어 주었다. 저녁에 조승호 형과 이 얘기 저 얘기. 사실 모든 사람이 나를 주시하고 있구나. 나를 속으로 생각하고 있구나. 박승학씨가 《한국독립운동사》를 빌려주시다. 성서, 누가복음까지.

내일부터 일주일 동안 철저한 생활을 시도하려고 지금 맘먹는다. 하루를, 한 시간을 비싸게 살자. 타인에게 까다롭게가 아니지만, 필요 이상으로 타인에 의해 자신을 조롱해서는 안된다. 양심을 학대하지 말고. 이성도 군에게 휴학 수속을 부탁했다. 사백주일(卸白主日)을 위한 아멘. "주여! 당신은 나를 저바리지 않았나이다. 나는 온 고뇌의 맏아들이 되었나이다"(살바토레 콰시모도, 이탈리아 출신 노벨문학상 수상 시인-편집자 주).

* 김 목사님이 주신 이야기

① 생 전체를 통해 주님과 만나야 한다.

② 주님의 명령과 사명을 거절하지 말고, 내 뜻대로 생각하고 설계하고 결정하지 말고, 조용히 은혜를 사모하며 주님의 부름을 기다려야 한다.

③ 자기 자신과 양심을 폐쇄적으로 학대하지 말고 따사로운 태양에 봄바람처럼 감싸 주어라.

④ 이 땅 위에 나사렛 형제들에게 할 일이 많다. 요한 같은 사람이라 하셨다.

* 강 간사님이 주신 이야기

① 강 간사님의 생애에 있어서 이곳에 입원했던 일과, 김 목
   사님을 만나서 주님을 모시고 살게 된 일을 빼면 내 생애
   는 쓰러진다.
② 일년을 잘 보내야 한다.

씨 앗

그늘진 나무를
널따란 수족관엔
섬들이 잠기고
두드러진 땅 위엔
밤이 병들다.

날짐승 소리 들려라.
내 마음에, 열린 구름에.

내 안에 살지 않는 것은 아무것도 죽지 않으리!
그대, 나 보고 말하리.
천체와 함께 거니는 것 속에.
내가 이리도 가벼워졌다고.

하여 당신이 나를 씨앗 속에 던지려 할 때

이미 묵직한 피로가 잠든다.

① *Le Mythe de Sisyphe*(Albert Camus)

② *Mitte des Lebens*(Luise Rinser)

③ 사랑과 실존

　약혼녀(레기네 올센)에의 편지(키에르케고르)

하루를   한 시간을   비싸게 살자.

센스에게 까다롭게가 아니지만
필요 이상으로 센스에 의해
자신을 조롱해서는 안된다.
양심을 학대하지 말고.

3月 18日

몇몇 사람의 내성 검사가 있었다. S.M이나 PAS. 아이나에 내성이 오는 경우. 2차 약에 내성이 오는 경우. 지금 아침 회진이 시작되어 발걸음과 음성이 가깝게 들린다. 다음은 내 차례겠지.

3月 19日

전야. 내 인생에 있어서 귀하게 체험했던 30일을 끝내고 나는 내일 떠나겠다. 혼자서. 언제나 인간은 혼자서 떠나야 했다. 무겁ㅋ게 짓누르는 머리에 조용한 쉼이 필요하게 하여야겠지만 그러하지 못하는구나. 나를 결산하자.

① 나 자신에 대해서(이것은 그리스도와 나와의 관계에서이다)
② 나와 내 이웃에 관해서
③ 나와 병에 관해서

이 세 가지만 생각할 때, 나는 이 문제와 그리스도와의 관계를 설정했다. 한 사람, 한 사람 귀하고 중요한 사람들 … 나는 왜 이렇게 감상적일까? 냉정하고 얼음처럼 차게 그렇게 하지 못할까?

조그마한 일에 그것이 사랑에 관한 것이라면, 그것이 그리스도와의 관계에서라면 나는 여자처럼, 참새가슴처럼 되어 버린다.

아! 얼마나 생이 이렇게 나를 못살게 구는 것인가. 한밤이 다가도록 충만한 생을, 살아 펄펄거리는 이 뜨거움에 어쩔 줄 모르겠다. 너무 뜨겁고, 원색적이어서 감당하기에도 힘에 벅차다.

그러나 다른 차갑고 빼빼마른 이론보다 이것이 더 귀한 것이 아니냐? 누가 무시하고 멸시하여도, 내 이성이 반짝거리는 별 앞에서 나는 이것을 위해 모든 것을 버리고 싶다.

사람이 산다는 것은 어려운 이론 앞에서냐, 그것은 차가운 이성 앞에서냐, 그런 것도 있겠지만 그리스도 앞에서 생에 뜨거운 의지와 풍요함 가운데서 사랑하면서, 소망을 바라보면서, 고통을 참고 살아가는 것이리라. 그리스도를 영원히 노래하자. 그 이름을 영원히, 영원히 부르자.

나는 두렵고 떨리는 마음도 지금 있다. 무엇인가 내게 잘못되어 있을 것 같아서 항상 기도하는 마음으로 이 글을 쓰고 있다. 그러나 전할 그리스도를 힘껏 전하고, 못다한 주님에의 애정을 안타까워하면서 어쩔 줄 모르는 사랑과 뜨거움과 연민과 격정으로 가득 차 있다.

우주 속에 헤엄치고 싶고 산의 정상에 올라와서 고함치는 기분이다. 나는 떠난다, 항상 떠난다, 출발이 있다. 굿바이, 굿바이.

그리스도를 영원히 노래하자.

그 이름을 영원히 영원히 부르자.

나도 떠난다,
항상 떠난다, 출발이 있다.
Good bye — Good bye

할 일이 많군. 먼저 소식 전할 사람들에게 편지 쓰기, 또 규칙 생활, 안정, 기타 정리하기.

4월의 먼지가 지독하여 이층 옆방으로 다시 옮겨 전부 정리가 일차 끝남. 내일 아침은 해변 걷기에서부터 철저히 수도자적 생활을 계속해야 한다. 요즘처럼 생에 의미를 느끼게되어 어디 다니지 않고 방에서 책 읽기, 쓰기, 생각하기, 구상 등 황송하도록 재미있다.

기싱의 《봄의 수상》을 보면서 쾌재를 부르고, 지나온 일들을 생각하면서 앞으로 살아야 할 일을 계획하면, 그것은 화려한 일이 아닐지라도 적어도 억센 투지와 용기, 죽음보다더 짙은 생의 긍정처럼 비싸게 대가를 치러야 할 일들이기에 흥분의 정열을 쉬게 하지 않는다.

얼마나 귀하고 아름다운 시간들이랴. 설사 양심에 떳떳치 못한 일이 있다손 해도, 우선 6개월 동안 주어진 나날들에서 먼저 나의 건강을 지키고(결국 쓰러져 죽기 위해, 더 악착같이 쓰러지기 위해 돌보는 건강이다).

덜 익은 지식들을 익히어서 내재적 양식과 생활 태도, 지적인 수준을 세련되게 향상시켜야 하며, 별로 가치 있는 생활이 아닌 도시 생활에서 떠난 이 기간이야말로 글로 표현할 수 없을 만큼 중요한 것이다.

역시 모든 것은 기도의 생활에서 파생된 결론이어야 한다. 새로운 의지적 결단이라는 것은 기도와 성서 속에서 그것이 생활화되어 감에 있다.

① Kilmeny of the Orchard by Lucy. M. Montgomary (《빨강머리 앤》의 저자로 유명한 몽고메리 여사가 쓴 《과수원의 킬머니》라는 소설집-편집자 주)

② The Private Papers of Henry Ryecroft 중에서 "불의 환상" by George Gissing (기싱의 수필집으로 헨리 라이크로프트는 가공인물-편집자 주)

어제는 남농화백을 찾아뵈었다. 그림을 배우고 싶어서. 그
리스도 없는 위대한 영혼들을 생각하면서 돌아오다.

병원에서 여 선생님을 뵙게 되었는데 엑스레이 상의 결과는
별로 큰 이상이 없으므로 괜찮을 것이라고. 그러나 6개월,
나는 꼼짝 않을 정도로 조심할 생각.

한산촌이라는 데를 가 보았는데 썩 마음에 드는 곳은 아니
다. 그러나 여선생님의 의중 예의, 행동이 썩 마음에 든다.

내 10일

오랜만에 보는 야경이다. 만톤 급 윤선들이 바로 강 같은 바다 위에 세 줄로 걸려 있어 항구 도시의 흥취를 돋우어 주는 것뿐 아니라, 철썩거리는 물결 소리가 들리는 듯하니 어딘지 낭만이 가득한 분위기이다.

우리 집은 여간 좋은 위치에 있는 게 아니다. 아주 작은 노력으로 항구적인, 깨끗하고 소금기 깔린 맛을 만끽할 수 있고, 가벼운 산책길이 큰 도로를 따라 해변이기 때문이다.

나는 오늘 걷잡을 수 없을 정도로 여러 가지를 생각하게 되었는데 그걸 다 적으려고 하니 며칠 밤새움해야 할 것이다.

그뿐 아니라 순간순간 머리에 섬광처럼 왔다 사라지는 것들을 적어 보면, 요즘 시시껄렁한 수필류나 자서전식 유명세 붙은 문필가들보다 훨씬 차원 깊고 위트가 있겠다.

어떤 사람은 일기에도 거짓을 쓸 수가 있다고 비판 아닌 비판도 하고, 어떤 이는 일기를 쓰는 이유에 대하여 이런저런 얘기를 많이 했지만, 나는 나의 생각을 정리하는 노트이다. 차후에 책으로 발간된다든지(결코 그럴 리가 없지만), 누구에게 읽어 주기 위함이 아니다(하기야 나로서는 극히 소수의 몇 사람에게 읽히고 싶으며 내 마음을 줄 수 있는 사람들에게 쓰는 편지 같은 심정이다. 나의 치부도, 수치도 알아야 할 사람에게).

그것보다는 내 자신이 나에게 쓰는 것이며, 잊혀지는 것들을 묶어 두는 창고이다.

① 분노의 얼굴(어린아이들의 눈동자)

② 가난한 사람들

　단순히 먹는 데 관하여

　가난한 사람들의 질병

③ 모순과 부조리

④ 매너리즘

⑤ 인간의 영혼의 고향

⑥ 가난에 참여하지 못하는 고통

　일하는 자 앞에서 침대에 누워 있어야 하는 고통

⑦ 세무 사원과 5천 원

⑧ 위대함과 비천의 사이

⑨ 현실 속에서 겪은 비전

아, 이게 나의 집이고, 내가 쉴 곳이고, 내 소유인 것인가.
이것은 내가 잘 침대이고, 앉아 써야 할 의자와 책상이며 방
인 것인가. 이 만년필과 노트를 제외하고 말이다. 정말 미
칠 것 같은 모순이여. 현실을 어떻게 살란 말인가. 그저 그
렇게 평범하게, 아무 것도 추구하지도, 묻지도 말며, 매너리
즘의 화신이 되란 말인가.

내가 되려고 하는 것은 무엇인가. 그 화려하고 낭만적인 꿈
과 비전은 무엇 때문이며, 조국에의 애탐이나 악과 부정에
의 도전은 무엇 때문인가.

행복이나 순수나 종교라는 것은 사치이다. 예술도 음악도
사치이다. 어느 때는 책 보는 것조차 두렵기만 하다.

서울서 책을 끼고, 고준담론하던 일들이 생각난다. 도대체 무엇이란 말이냐. 현실적인 가난과 악 앞에서 무엇이란 말이냐. 철저하게, 아주 철저하게 하지 않는다면 그것은 더 무서운 이야기들, 독소를 뿌리는 연기요 안개이다.

아주 세상에 태어나지 않았다고 용단을 내리고, 주어진 운명에서 악에게로의 유혹을 벗어나서, 무소유와 순수 신앙을 가지고 현실에서 철저히, 아주 철저히 산다면 다르다.

가난과 무지 앞에서 무엇을 이야기할 것이냐, 철학이냐, 논리냐, 지성이라는 것은 무거운 짐일 뿐이다. 잘 입고, 잘 먹고, 잘 산다는 것은 무에냐.

돈의 위력을 잘 알고 있다. '돈은 주조된 자유이다', 좋다. 좋은 의미에서든 나쁜 의미에서든 그런 것들을 문제 삼고 있는 것이 아니다. 이 현상을 극복하는 길밖에는 어려운 고비길을 투쟁하며, 상처와 피곤 속에서 걸어가는 길밖에는 또 무슨 길이 있겠는가.

사실 어떤 사람치고 부정 없이 살아가는 사람이 있으리요, 그러나 그것이 나라는 물음 앞에 섰을 때는 달라진다. 진실을 부정해 먹고, 가난을 부정해 먹고. 아, 이 괴로운 시간들이여.

이제라도 조용히 주님을 불러 보면서 나는 기도해야 했다. 철딱서니 없는 애기들이 아니다. 아무도 듣는 사람이 없어도, 아무도 보아 주는 사람이 없어도 좋다. 그러나 나는 기도해야 했다. 조용히 무릎 꿇고, 고개를 숙여 기도하고픈 바를 주님께 아뢰어야 했다.

나의 주님을, 몇 번이나 불러야 했을까. 죽는 그 순간까지 불러도 못다 부를 주님의 이름을, 사랑을, 그 처절하리만큼 존전에 불려질 사랑을 우주의 끝까지 불러야 했다.

정말 머칙것 같은 모운이여.
현실을 어떻게 살란 말인가,

내가 될려고 하는 것은 무엇인가.
그 할려 하고 낭만적인 꿈과 비전은
무엇때문이며 조국이며 애탐이나,
악과 부정에의 도전은
무엇때문인가.

4월 20일 비가 오다

잊혀진 4.19에 대하여, 사회에 대하여서나, 역사에 대하여
나의 자각성을 깊게 해 주었다. 한 사람의 죄악으로 인하여
이 인류는 멸망받을 수도 있다. 그런데 한 민족도 몇 사람의
양심으로 구원받을 수도 있는 것이다.

설교를 한다는 것, 그리스도의 이름으로 설교를 한다는 것
은 얼마나 어려운 일이냐. 설교 속에서 미움을 폭발시키기
는 쉽다. 그러나 진정 사랑을 폭발시키는 것은 그리스도의
은총이 아니면 어려운 것이다.

사람들, 특히 그리스도인들, 더구나 설교를 듣는 사람들….
솔직히 배알이 뒤틀릴 때가 많다. 어쩌면 그럴까, 더 어처구
니없는 사실은 자신도 그런 가운데 한 사람이라는 것이다.

기도를 잊어버린 사람들, 마음속에 성서를 잃어버린 사람들
이다. 그런데 기도와 성서를 무기로 하여 최고의 위선과 비
참한 행동과 모순을 볼 때 한없이 서글퍼진다.

무척이나 우울하다. 뚫고 나가야 할 일이 너무나 망망하기 때문이다. 인생이 성숙할수록 허무 의식을 하나 더하는 것처럼, 사물이나 역사를 관조하고 인간성에 심연을 하나 더 캘 때마다 비참과 회의가 더할 뿐이다.

어쩌면 최소한으로 나를 한번 벗겨 볼 수 있는 때가 있다면 기도할 때인데 거짓 없이 자기비판과 객관적 고찰을 이 종이 위에 하고 싶은 것이다.

나쁜 것이어도 좋다. 그러나 좋은 것이면 더 좋을 수가 있다. 시내, 은밀한 정상에서 목자 모세의 영혼을 일깨워 주신 것처럼 영혼에의 불탐이 이 자리에서 이루어져야 하고, 한국의 역사도 이 자리에서 새로워야 한다.

건강에 점점 회의가 있다. 오늘은 하루 종일 잠에 취해 있었으니까. 나의 병세로 이렇게 몸에 피곤이 오지 않을 터인데 얼굴빛은 점점 검어진다. 그리고 무척 피곤하고, 그것보다 요즘 생활이 무너지고 있어 다시 정신 차리고 있다. 그것은 정신 무장이다. 이것은 자기 긍정이니까….

나의 영혼이 한없이 방황하고 있기 때문에 떠돌아다니는 영혼처럼 발동이 시작되려 하므로 안정을 시켜야 한다. 푸른 바다를 보면서 하늘의 나의 님을 그리면서 일생을 주님께 헌신할 준비를 하여야 한다.

기도로 준비하고, 성서로 준비하고, 나의 의지와 주님이 주신 영감으로 피나는 기다림으로 준비한다. 특히 이 일을 위하여 기도하고 싶다. 혼자서 시간을 정해 놓고 주님의 음성을 기다려야 한다.

5月 2日 맑음

악몽과 같은 나날들. 나는 요즘 이상한 것들에 미쳐 있다. 그리고 유혹에 몸부림친다. 사악한 것들이 몸과 정신에 들어오는 것은 잠깐 사이이다. 몸무게는 160파운드(약 72.57kg - 편집자 주). 중량은 늘었다. 몸은 약간 괴롭고.

정직한 자기 평가는 꼭 필요하다. 최대의 지름길을 찾기 위해서. 학문이나 경험, 인간적인 모든 것의 성장을 위해서가 아니라, 영적인 성장과 참 진리와 한 개인이 몸담을 수 있는 곳의 질적인 변화를 의미하는 것이다.

성서 보는 시간 3시간. 오전에는 구약, 오후에는 신약. 취침 10시, 오전에는 기상 5시.

그리스도를 영원히 노래하자. 그 이름을 영원히 영원히 부르자.

일생을   주님께   헌신하는
줄게를 하여야 한다.

기도를 즐겨하고, 성서를 즐비하고
날마 의지 와,
주 님이 주신 영감으로
되나는 기다림으로
준비한다.

김준곤 목사님께 보내는 편지

마음에 먹구는 장이 사라지기 기다리면서

회색빛 하늘을 쳐다보다가도 잿빛 마음이면 잿빛 그대로 목
사님을 찾는 게 시원스럽습니다. 봄이 되어 살찌는 야산의
꽃들이라도 가을이면 잎이 떨어지고, 나목이 되겠고, 백일
도 못 피울 것이언만, 낙화를 생각하여 꽃피기를 그만두지
않고 있음을 봅니다.

부끄러운 마음을 잡풀 하나에 두었습니다. 잘못된 역사의
깨어나지 못한 혼이 맴맴 돌며, 울지도 웃지도 못하는 한 페
이지가 있습니다. 한 사람의 죄로 인하여 그 숱한 사람들
이 곤욕과 슬픔과 피해를 당해야 하며, 비인격의 대우를 받
아야 하는 슬픈 역사를 가난한 섬사람들, 권력도 돈도 의지
할 곳 없는 사람들에게서 뼈아프게 봅니다. 그리스도의 이
름을 팔아 잘살고 잘 입고 잘 지내는 사람들 때문에, 병들고
못난 사람들은 피해를 당하며 피를 짜내야 하는 이 토양은
바로 자기 모습임을 알 때 정말 통곡하고 싶습니다.

사람 죽이는 데 내 손이 닿지 아니했다 하여도 내가 죽일 수 있었던 연대적 관계성 앞에서 민중의 반란의 칼에 상처 입은 마음입니다. 수없는 증오와 무언의 토혈을 이 땅 위에서 치부까지 드러난 모습에서, 비굴과 싸움과 만용의 못된 민족성 앞에서, 너무나 수없이 보고 느끼며 들었습니다.

무엇인가 잘못되어 있는 이 고난의 역사 앞에서, 그리스도의 피 흘림 앞에서 철저히 죄인임을 알 때, 어떻게 죽어야 할지 두렵기만 합니다. 이러지도 저러지도 못하는 상황에서 있어야 하는 현기증이 있습니다.

목사님의 모습 하나를 그리어 봅니다. 28세 때 목포에 계셨을 당시의 목사님을 수소문하여 알았습니다. 비교적 자세히 듣기도 했고 사진도 보았습니다.

어떤 분은 성경학교 졸업식(제3회) 때 한 설교(요한복음 21장)는 18년이 지난 지금에도 제일 은혜스럽고 감격스럽다고 했습니다. 이 한국 땅에서 목사님을 향하여 손가락질하는 손은 일하지 않고 나라 팔아먹던 손이고, 입방아 찧는 그 입들은 세 치 혀로 의인을 죽이고 모략과 당파질하던 입들입니다.

해야 하고, 이루어야 하고, 죽어야 할 일이 바로 이 현실의
역사 앞에 민족의 총결산이 될 마지막에서 나사렛 형제들의
죽음에의 길을 보았습니다. 제가 본 길은 슬프고 가슴 아프
게도 죽어야 하는 길뿐이었습니다.

목사님, 두렵고 떨리는 어두움을 배회하는 현실을 보면서
혼의 부서짐을, 폭발함을 보고 싶습니다.

김 목사님.

허영으로 하루를 살고 나면 잠자리엔 피곤뿐이옵니다. 새로운 각오가 외람되게 하고 의식이 나를 잡아먹습니다. 열심히 살았던 하루하루는 초라한 것뿐이옵니다. 정말 초라한 자신을 바라보고 싶지 않아서 깊은 저항을 시도하지만 그래도 초라함엔 변함이 없음을 알았습니다.

움직이는 걸음마다, 음향을 찢는 순간마다 잘못뿐이었습니다. 도대체 왜 나는 잘못해야 하는가에 화를 내기도 지쳤습니다. 목사님은 알아주실 것 같아서 이렇게 적고 있습니다.

무엇인가 철저해지고 중요한 모험을 하지 않고는 견딜 수가 없고 생활을 바꾸지 않고는 참을 수가 없습니다. 그러나 저에게 더 큰 고민은 변화를 시도해 봐도 '잘못'에는 영원한 잘못뿐일 것이고, 다양성에서도 근원적인 혁명은 없으리라는 것에 있습니다.

이곳 병원 생활 가운데서 한 가지만이 예외가 있었습니다. 성서를 읽는 동안이었습니다. 몇 시간이고 성서를 읽었다 해서 이것도 '잘못'이라고는 결코 느껴 보지 못했습니다.

주님께 향한 모든 시간은 다 그러했습니다. 그러나 저는 주님께 향한 모든 시간에 얼마나 많은 방해를 받아야 하는지 고통스럽기 그지없습니다. 하나님 앞에서, 제 양심 앞에서는 숨길 수 없습니다.

목사님, 이곳에서 저의 별명이 무엇인지 아세요? "하 목사!" 이게 제 별명입니다. 하 목사라는 놀림과 질투에의 경원을 비정상적인 세계에서 정상의 모순을 감사해야 할지 당황하게 됩니다.

'나는 결코 당황할 수 없다'는 자만심을 갖고 싶지 않습니다. 식사 시간에 기도하면 눈총의 대상이 됩니다. 악마적인, 기독교에 대한 도전을 의식합니다.

이곳에서 어떤 중환자와 기도하면서 죄의 회개로, 주먹만을 얼굴에 비빈 채 한없이 울었던 일을 기억하며 그분에 대한 생각이 떠오릅니다.

조용한 저녁입니다.

소리 없는 흰 눈이 언제였는지 송림 사이로, 누런 잔디 위로 수를 놓습니다. 목사님을 향한 저의 마음은 억누를 수 없는 폭발성을 지니고 있는지 하루 종일 침대 위에서 기도할 때나 찬송을 마음으로 부를 때나 성서를 대할 때 목사님의 체취를 느끼게 되어 한참이나 그리움과 어쩔 수 없는 마음으로 눈을 감고 맙니다.

이런 병상에서 주님을 만날 때, 목사님과 나사렛 형제들을, 특히 저와 개인적인 관계가 깊은 사람들을 기억하며 영감스런 영상을 그릴 땐 그렇게 기쁠 수가 없습니다.

아무도 영적으로 가까울 수가 없고, 주위가 설은 이곳에서 주님의 비밀스러운 편지를 간직한 제가, 십자가상에서의 주님께 향한 저로서는 일생일대의 사랑의 고백을 아픔을 통해서 드려야겠다는 마음으로 가득 차 있습니다.

성서를 읽다가 이런 구절을 주님이 저에게 주셨습니다. "사람이 감당할 시험밖에는 너희에게 당한 것이 없나니 오직 하나님은 미쁘사 너희가 감당치 못할 시험당함을 허락하지 아니하시고 시험당할 즈음에 또한 피할 길을 내사 너희로 능히 감당케 하시느니라"(고린도전서 10장 13절).

저는 이번 기회를 통해 조용히 은밀하게 주님을 만나려는 피나는 기다림으로 속마음은 긴장되었습니다. 말없이 병도 고쳐야겠습니다.

그러나 제게 더 큰 마음은 이런 아픔을 통해 주님의 아픔과 사랑에 귀먹고, 보지 못하고, 마음이 메마르다면 실지로 죽는 것보다 더 나을 것이 없다는 생각이 듭니다.

이곳 환자들은 술과 여자 때문에, 못된 것들 때문에 돈은 있어도 큰 병을 얻고 있는 것을 보았습니다. 제가 제 몸을 함부로 할 수 없다는 것을, 또 의로운 일이라도 주님의 명령이 아니면 해서는 안된다고 절감합니다.

혼자 이렇게 생각합니다. 나의 이 몸과 마음은 주님이 피로 사신 것인데, 그 오욕과 수모와 극한의 고통으로 사신 것인데…주님의 심장과 바꾼 사랑의 대가인데….

목사님! 저는 요즘 무엇이라 표현하기 힘든 애탐으로 온 몸이 젖어 있습니다. 도산 선생님의 밥 먹어도 조국을 위해, 잠을 자도 조국을 위해라는 구절이 생각납니다. 이런 병상이기 때문에 더 우리의 갈 길이 뚜렷하게 보이고, 죽어서라도 이 운동과 주님을 전해야 한다고 혼자서 외칩니다.

아무리 생각해 보아도 주님을 전하는 길과 이 조국을 그리스도 앞에 바치기 위해 이 운동밖에 없음을 알았습니다. 지금까지 우리의 선배와 스승들이 제시한 모든 것을 혼자서 연구해왔는데, 생명을 수태한 (방법에 있어서도, 내용에 있어서 만약에 그리스도가 없다는 것까지 비교해도 우리 것이 좋습니다.) 그리스도의 사랑을 생각하면 꼭 이루어야겠고, 젊은 피가 필요하다면 그것까지 끝까지 기도로 승리해야 한다고, 그런 믿음이 저희에겐 필요하다고 주님께 조르고 있습니다.

몸이 아프다고, 병원에 있다고 저는 이 기도와 고통의 수난과 사랑의 대열에서 잠시라도 떨어질 수 없습니다.

사랑하는 목사님, 사람을 생각하면서 울어 본 것이 처음입니다. 목사님을 생각하면 목이 메이고, 속으로 울다가 혼자 이불을 둘러써 버립니다. 왜 그런지 흰 눈 나리듯 하염없이 마음속에 뭔가 내립니다.

주님을 생각해서 울고, 목사님을 생각하면 우는, 저는 어처구니없다는 자만심으로 돌아오지만, 저는 가난한 내 민족을 위해서도, 주님을 모르는 내 이웃과 친구를 위해서 울어야겠습니다. 돈은 있지만 마음으로 더 큰 병을 갖고 있는 이곳 TB 환자들을 위해 울어야겠습니다.

민족을 향해서 울지도 못하는 빼빼마른 앙상한 가지처럼, 벗겨진 황량한 산처럼 그렇게 살고 싶지 않습니다. 사랑은 행동일 텐데 저는 아직 누구 때문에 큰 손해도 못 보고 남의 가난과 아픔을 져 보지도 못했습니다. 비난과 조소도 슬픔도 당해 보지 못했습니다.

아직 행동이 없는 사랑의 애탐이기에 더욱 불안합니다. 또 결단 없는 사랑이기에 불안합니다. 이 기회에 기도도 말씀도 없다면 빈껍데기뿐, 저에겐 행동도 허영일 것이고 자만일 뿐입니다.

목사님, 저도 목사님 따라 살다가 죽겠습니다. 저는 이것이 한낱 젊음의 감상이 아니기를 주님께 기도하고 있습니다. 아무리 어려워도 이것은 저 개인에게 있어서 일생의 기도 제목입니다. 상식적으로 살고 훌륭한 시민, 착한 시민으로 살다가 사람들에게 칭찬받고 죽기 싫습니다. 아마…그럴 수도 없지 않겠습니까?

목사님, 또 소식 전하겠습니다.

아직 세상에 태어나지 않았다고 용단을
주어진 운명에서 악에게로의 유혹에서 벗
무소유와 순수 선함을 가지고 현실에서 처
히 의격 철저히 산다면 다르다.

가난과 무지 앞에서 무엇을 이야기 할것이나
철학이라, 윤리이라, 재능이라도 것은 부끄
럼일 뿐이다.
잘얻고 잘먹고 잘산다는것은 무기냐,

돈의 위력을 잘알고있다.
<돈은 주조된 자유이다> 출다, 돈은 의비의
나쁜 의미에서는 그런것들은 문제를 삼은
일이아니다.
이 현상을 극복하는걸 밝히는 어려움 고의
을 투쟁하여 상처와 피곤 속에서 걸어
기 밖에는 또 무슨 길이 있겠는가.

사실 어떤 사람치고 부정 없이 살
가는 사람이 없으리요,
그러나 그것이 나라는 믿음 않기
싫을때는 말다 선다.

진실을 부정해먹고 가난을 부정해
가 이래줄도 시간들이여,

_____ 대학 입학 후 내가 제일 먼저 꾸린 모임이 FRS(Farm Research Society)였다. 내가 회장을 맡았고 우리는 가나안농군학교 44기에 입소했다. 무슨 일을 하든지 성경 말씀과 정신을 바탕으로 계획하고 실천하는 김용기 장로님에게서 삶의 큰 교훈을 얻었다. 도덕 윤리 차원의 성실함만이 아니라 살아가는 동안 다른 사람들과 복음을 어떻게 실천할 것인지를 구체적으로 가르쳐 주셨다.

폐병에 걸려 휴학하고 인천 요양소에 있을 때 김준곤 목사님이 찾아오셨다. 그 멀고 누추한 곳까지 오신 것이 감사했다.

"하나님이 하 군을 쓸라나 보다. '너희가 환난을 당하나 담대하라'고 예수님은 말씀하셨지. 예수님이 하 군을 사랑하시네. 자기 자신과 양심을 폐쇄적으로 학대하지 말고 따사로운 태양과 봄바람처럼 감싸 주게. 주님의 명령과 사명을 거절하지 말고, 내 뜻대로 생각하고 결정하지 말고, 조용히 은혜를 사모하며 주님의 부르심을 기다리기 바라네."

목사님은 하나님을 원망하는 내 마음을 훤히 보셨단 말인가. 나는 속으로 이렇게 고백했다.

'목사님! 병에 들고 나서야 저는 '나만큼 예수님을 열심히 믿어 볼 테냐'고 자신만만했음을 알았습니다. 예수님을 믿은 것이 아니라 제 의지를 믿어 왔습니다. 믿음도, 전도할 수 있고 기도할 수 있는 능력도 주님이 주시는 것임을, 만물이 주님으로부터 왔다는 것을 이제 알게 됐는지도 모르겠습니다. 조용히 주님을 기다리겠습니다.'

다시 만난 청년 하용조

홍정길(남서울은혜교회 원로목사)

제 생에 가장 감동 있게 읽었던 신앙인의 일기는 데이비드 브레이너드와 헨리 마틴의 일기입니다. 이들의 20대 후반의 기록들은 신앙인의 심금을 울리는 젊은 날의 고백입니다. 인생에 있어 가장 빛나는 시절, 더할 수 없이 순수하게 주님을 향해서 드려진 마음의 고백은 읽는 이로 하여금 부족한 자신의 신앙을 뒤돌아보게 합니다.

하용조 목사님의 젊은 날의 일기 또한 신앙인들의 마음자리가 어떠해야 할 것인가를 보여 주는 고백들입니다. 젊은 날에 하나님께 드렸던 하 목사님의 순수하고 아름다웠던 마음들은 건축의 설계도면처럼 선명하게 기록되어 있습니다. 그리고 그 이후의 삶은 설계도에 따라 어떻게 지어져 갔는지 그의 생애가 명확하게 보여 줍니다. 멋진 인생의 건축을 하고 간 하용조 목사님, 그와의 교제는 제 생애에 각별한 추억으로 가득 차 있습니다. 하 목사님이 하나님의 품으로 간 지 3년여의 시간이 지났지만 처음 만났을 당시 그분의 애잔한 모습은 지금도 마음 깊이 남아 있습니다.

저는 1965년 예수 그리스도를 나의 구세주와 주님으로 영접하였습니다. 들뜬 마음으로 날마다 감격에 겨워 눈을 뜨고 하루를 마치는 저녁은 감사함으로 충만하였습니다. 입석 수양회에서 제 생애를 완전히 뒤집어 놓으신 예수 그리스도, 그 분을 향한 깊은 사랑과 신앙고백이 날마다 마음에 충만히 넘쳤던 그 해 겨울 저는 대학을 이미 졸업한 몸이었지만 말씀과 교제에 취해 다른 사람들 눈치에 아랑곳하지 않고 대학생들이 모이는 CCC 모임에 날마다 가서 살곤 했습니다.

제가 참석하기 시작했을 때는 내년 학기 사역을 위해 12월 말부터 학교와 과별 모임을 계속 가지고 있어서 저는 아무 곳에도 속하지 못하고 말씀을 듣고 혼자 집으로 갔습니다. 그러던 어느 날 저처럼 어디에도 섞이지 못한 두 사람을 발견했습니다. 당시 모임에는 시험이 끝난 재수생들이 먼저 대학생이 된 친구들의 강권에 의해 더러 나왔습니다. 다른 재수생들은 모임이 시작하는 시간이면 모두 집으로 돌아갔는데 대학생들의 모임 뒷자리에서 그 모임을 눈여겨보던 사람이 있었습니다. 막 대학 재수

시험을 끝낸 하용조였습니다. 그래서 우리는 만나기 시작했습니다. 또 몇 주 후 대학 시험을 마친 키가 작은 김지철이 왔고, 대학생들이 모두들 모일 때면 갈 곳이 없던 저희 셋은 누가 뭐라고 하지 않아도 외톨이 신세를 벗어나고자 자연스럽게 만나기 시작했습니다. 50여 년 전의 일입니다.

하 목사님과 저는 예수님을 영접한 시기도 비슷했고 장소도 같았기에 서로 깊은 친분을 갖게 되었습니다. 저는 65년에, 하 목사님은 66년 입석 수양회에서 예수 그리스도를 인격적으로 만났습니다. 그렇게 가까워진 우리는 그때부터 함께 전도 사역을 시작했습니다.

66년, 제가 가나안 농군학교 훈련을 받고 나서 CCC에 갔더니 건국대학교 축산과에 입학한 하용조가 농촌사회연구소 같은 리서치 모임을 만들자고 제안했습니다. 농대생인 하용조와 함께 가나안 농군학교에서 김용기 장로님께 직접 배운 청년들의 의기가 투합했습니다. 소비자 운동을 하던 송보경 선생을 중심으로 여자들이 모였고 하용조 목사가 진행을 하였습니다.

당시 CCC 안에는 이미 'Medical Society', 'Economy Welfare Society' 등의 모임이 활발하게 이루어지고 있었는데 저와 하용조를 비롯한 일부가 복음을 강조할 때, 'Economy Welfare Society'를 맡았던 박성준 형제와 한명숙 자매는 이 땅에 진정한 민주주의가 이루어져야 한다고 강조하며 그들은 그 일로 동아리에서의 대부분의 시간들을 보냈습니다. 하용조 목사와 우리는 우리대로 복음화 운동에 열심을 다했습니다.

당시 놀이 문화가 별로 없어 대부분 등산을 즐겼습니다. 하루는 하용조 목사가 도봉산에 올라가다 넘어져 발목이 부러져 그 기다란 몸을 등에 업고 꼭대기에서 아래로 힘겹게 내려왔습니다. 그때부터 하용조 목사는 잘 넘어지고 자주 아팠고, 특별히 몸이 약한 것도 아닌데 실수로 몸에 상해를 잘 입었습니다. 아이러니하게도 하 목사는 중고등학교 때 축구 골키퍼를 했기에 운동도 몹시 좋아했고, 누구에게 배웠는지 모르겠으나 바이올린 활을 잡고 우리가 찬송할 때 가끔 틀린 음정이지만 반주를 하기도 했습니다. 그렇게 그는 우리 모임에 깊은 활력소가 되었습니다.

저희들은 1968년부터 구체적으로 민족 복음화를 위해 기도하며 '민족의 가슴마다 피 묻은 복음을 심어 푸르고 푸른 그리스도의 계절이 오게 하자!' 외치며 곳곳으로 다녔습니다. 지금 생각하면 유치하고 부족하기 짝이 없었지만 1월 1일 백운대에 올라가서 천만 기독교인들을 허락해 주시고, 5만 9천 마을마다 교회를 세워 주시며, 서울시내 빌딩마다 성경 공부하는 나라가 되게 하여 주시기를 그리고 저 서쪽의 중공을 우리에게 달라고 목이 터져라 울부짖고 기도했습니다.

그리고 이 일을 위하여 동분서주하며 뛰어다니던 날, 하 목사가 아파 쓰러졌다는 소식을 들었습니다. 결핵균이 폐에 감염되어 인천에 있는 적십자사 요양원에 있게 되었습니다. 우리는 토요일 오후 기차를 타고 병문안을 갔는데, 염려하는 우리 앞에 오히려 하 목사는 폐결핵이 주는 영향에 대해 재미있게 설명하며 아프지 않은 것처럼 계속 이야기했습니다. 그는 고통 속에서도 빛나는 소망의 끈을 늘 놓치지 않고 그리스도의 영광을 사모하고 즐거워했습니다. 병상에서 특별히 무슨 약을 먹으면 무수한 상상력이 발동하여 온갖 생각이 떠오르는데, 힘들고 어려워도 희한하게 기쁘고 즐거운 때도 있다며 상상의 세계의 넓이와 깊이를 즐기기도 했습니다.

그렇게 치료를 받던 하용조 목사는 차후 일어났습니다만 병력은 그 다음에도 계속 되었고 아시시의 성 프란체스코가 질병을 가지고 있던 것처럼, 사도 바울처럼 육체의 연약함이 평생 가시가 되었습니다. 이러한 때 이 일기가 쓰여지지 않았나 싶습니다.

앉으면 민족을 걱정하고, 일어서면 전도하고, 모이면 찬송을 하고, 혼자 있으면 말씀을 묵상하고 기도하는 것으로 삶의 대부분을 썼던 하 목사님, 그 충만한 그리스도의 은혜는 하 목사님의 삶 가운데 평생 식지 않았습니다.

'나는 젊다. 그리고 앞으로도 젊을 것이고 영원히 젊을 것이다. 내 청춘을 독수리처럼 새롭게 하시는 주의 은혜를 붙잡고 한 평생을 달려갈 것이다!'

아픈 병상에서 써 내려간 글들이 모인 일기책인지라 없어질 수도 있었겠지만 잘 보존되어 볼 수 있게 되니 꿈 많고 열정적이던 청년 하용조를 다시 본 듯한 놀라운 매력을 느낍니다. 한 사람의 내면까지 기록된 이 글을 통해 그 분이 믿었던 하나님을 더욱 더 깊이 만나는 축복이 있기를 소망해 봅니다.